MW01699202

Disney

Indonesian – English Dictionary

Abjad Bahasa Indonesia

A a
[a]

apel
apple

B b
[bé]

balon-balon
balloons

C c
[cé]

cangkir
cup

G g
[gé]

gitar
guitar

H h
[ha]

handuk
towel

I i
[i]

ikan
fish

M m
[ém]

mobil
car

N n
[én]

nenek
grandmother

O o
[o]

oven
oven

S s
[és]

sarang
nest

T t
[té]

topi
hat

U u
[u]

uang
money

Y y
[yé]

yoyo-yoyo
yoyo(s)

Z z
[zét]

zebra
zebra

The Indonesian Alphabet

D d [dé]  *dinosaurus* dinosaur	**E e** [é]  *es krim* ice cream	**F f** [éf]  *flute* flute
J j [jé]  *jeruk-jeruk* oranges	**K k** [ka]  *kelinci* rabbit	**L l** [él]  *labah-labah* spider
P p [pé]  *pie* pie	**Q q** [ki]  *kuda* horse	**R r** [ér]  *ratu* queen
V v [vé]  *vas* vase	**W w** [wé]  *wortel* carrot	**X x** [éks]  *xilofon* xylophone

Disney

Indonesian – English Dictionary

Penerbit PT Gramedia Pustaka Utama
Jakarta, 2003

Judul asli:
DISNEY ENGLISH DICTIONARY

DISNEY INDONESIAN - ENGLISH DICTIONARY
GM 214 01.985
Penerbit PT Gramedia Pustaka Utama,
Jl. Palmerah Barat 33-37, Jakarta 10270
Penasihat Bahasa Inggris: Gloria Kismadi
Setting: Rahayu Lestari
Desain sampul: Pagut Lubis

Diterbitkan pertama kali di Indonesia oleh
Penerbit PT Gramedia Pustaka Utama,
anggota IKAPI, Jakarta, Maret 2001

Cetakan Kedua: April 2003

Dicetak oleh Percetakan PT Gramedia, Jakarta
Isi di luar tanggung jawab Percetakan

Kata Pengantar

Disney Indonesian - English Dictionary ini diterbitkan untuk memenuhi kebutuhan akan kamus yang dirancang khusus untuk anak-anak, yang dilengkapi dengan contoh kalimat dan gambar-gambar yang menarik. Kata-kata pokok (entri) dan contoh kalimat dalam bahasa Indonesia disusun oleh Tim Penyusun Kamus Gramedia. Semua padanan kata pokok maupun kalimat dalam bahasa Inggris telah dikonsultasikan kepada penutur asli bahasa Inggris yang juga adalah pengajar bahasa Inggris yang sangat berpengalaman, khususnya dalam mengajar bahasa Inggris untuk anak-anak.

Setiap bahasa mempunyai ciri-ciri yang khas. Ciri khas bahasa Indonesia – antara lain – adalah perubahan bentuk kata kerja dengan penambahan imbuhan (awalan, sisipan, akhiran, atau imbuhan gabungan). Misalnya: dari kata dasar **rasa**, kita membentuk kata kerja **merasa** (hlm. 241); dari kata dasar **sakit**, kita membentuk kata benda/kata sifat **kesakitan** (hlm. 252). Karena ciri khas tersebut, maka kata pokok yang berupa kata dasar kami jajarkan dengan kata "turunan"-nya yang kami pandang paling sering digunakan dan penting untuk dimuat karena dalam bahasa Inggris padanannya tidak selalu satu kata. Perhatikan contoh berikut ini:

Halaman 241:

rasa taste; **merasa** feel

*Gufi membayangkan cake yang **rasa**nya enak sekali.*
Goofy is imagining a cake that **tastes** very delicious.
*Aku **merasa** bahagia di sini.*
I **feel** happy here.

Halaman 252:

sakit hurt, ill, pain, sick; **kesakitan** in pain

*Sikunya **sakit**.*

Her elbow **hurts**.

*Miki berbaring di tempat tidur karena dia **sakit**.*

Mickey is lying in bed because he is **ill**.

*Anak yang sedang **sakit** itu Wini.*

The **sick** child is Wini.

*Kakek merasa punggungnya **sakit**.*

Grandpa felt a **pain** in his back.

*Dia **kesakitan**.*

He was **in pain.**

Kecuali itu, kata-kata pokok tertentu langsung dijajarkan dengan kata "turunan"-nya dan contoh kalimat dibuat dengan memuat kata "turunan" tersebut (tanpa mencantumkan contoh kalimat yang memuat kata dasar). Hal ini karena mempertimbangkan contoh kalimat yang lebih sering dipakai dan padanan bahasa Inggrisnya yang cukup sederhana untuk anak-anak. Perhatikan contoh berikut ini:

Halaman 15:

asyik, mengasyikkan exciting

*Permainan ini sangat **mengasyikkan**.*

This game is very **exciting.**

Disney Indonesian - English Dictionary ini berpangkal pada kata pokok dan contoh kalimat dalam bahasa Indonesia. Karena dalam bahasa Indonesia bentuk kata kerja tidak berubah menurut kala atau *tenses* seperti di dalam bahasa Inggris, maka padanan contoh kalimat dalam bahasa Inggris menggunakan kala yang "bebas", yang demi mudahnya bagi anak-anak sedapat mungkin kami batasi pada tiga bentuk kala kata kerja: *simple present tense, simple past tense,* dan *present continuous tense*. Perhatikan contoh berikut ini:

Halaman 18:

baca, membaca read

*Miki **membaca** buku setiap hari.*

Miki **reads** a book every day.

(*simple present tense*)

badan body

***Badan**ku penuh lumpur.*

My **body** was covered with mud.

(*simple past tense*)

bel bell

***Bel** pintu berbunyi.*

The door**bell** is ringing.

(*present continuous tense*)

Catatan tersebut di atas dapat membantu kita menerangkan salah satu ciri khas bahasa Indonesia kepada anak. Kecuali itu, anak bisa berlatih memilih padanan kata yang tepat dalam bahasa Inggris untuk kata dasar maupun kata "turunan" bahasa Indonesia.

Penerbit

CARA MENGG

- entri pertama pada halaman tersebut
- **ENTRI**
  kata yang diterangkan
  1. Kata benda
     Contoh: gitar
  2. Kata sifat
     Contoh: baik
  3. Kata kerja (dan turunannya)
     Contoh: gonggong, menggonggong
- abjad awal dari setiap entri pada halaman tersebut
- **CONTOH**
  penggunaan entri dalam kalimat/frase

gitar

gitar guitar
Gufi bermain gitar dan bernyanyi.
Goofy is playing the guitar and singing.

gonggong, menggonggong bark

Pluto menggonggong sangat keras.
Pluto is barking very loudly.

goyang, bergoyang sway, swing
*Pohon-pohon **bergoyang** ditiup angin.*
Trees **swayed** in the wind.
*Lampu itu **bergoyang** diterpa angin.*
The lamp **swung** in the wind.

88

- nomor halaman

AKAN KAMUS

- entri terakhir pada halaman tersebut

gudang

gratis free

*Makanan ini **gratis.***

This food is **free.**

grup group

*Ada lima orang dalam **grup**ku.*

There are five people in my **group.**

☞ see **kelompok**

- simbol untuk keterangan tambahan

gua cave

*Mereka di dalam sebuah **gua.***

They are in a **cave.**

gudang **1** warehouse, storehouse. **2** barn. **3** shed. **4** silo.

*Kita menyimpan barang-barang kita di **gudang**.*

We stored our things in a **warehouse** (storehouse).

- **ARTI KATA** (beberapa entri punya arti lebih dari satu)

*Simpanlah hasil pertanian di **gudang**.*

Please keep the crops in a **barn**.

- **GAMBAR** untuk memperjelas arti entri

*Simpanlah sekopmu di **gudang**.*

Please put your shovel in the **shed**.

*Nenek menyimpan makanan ternak di **gudang** selama musim dingin.*

Grandma kept the animal food in a **silo** during the winter.

89

Bunyi Bahasa Indonesia

VOKAL & DIFTONG		KONSONAN	
lambang	contoh	lambang	contoh
/i/	ikan [ikan]	/b/	balon [balon]
/é/	besok [bésok]	/p/	payung [payung]
/a/	apel [apel]	/d/	dada [dada]
/e/	empat [empat]	/t/	tenda [ténda]
/o/	foto [foto]	/g/	gajah [gajah]
/u/	susu [susu]	/k/	kelinci [kelinci]
/éy/	lantai [lantéy]	/j/	jalan [jalan]
/ow/	kalau [kalow]	/c/	cuci [cuci]
/oy/	amboi [amboy]	/m/	malam [malam]
/ai/	pahit [pait]	/n/	nama [nama]
/au/	tahu [tau]	/ny/	nyanyi [nyanyi]
		/f/	feri [féri]
		/s/	singa [singa]
		/sy/	Indonesia [indonésya]
		/z/	zebra [zebra]
		/ng/	uang [uang]
		/l/	lima [lima]
		/r/	roda [roda]
		/w/	wanita [wanita]
		/y/	saya [saya]
		/h/	hati [hati]
		/kh/	akhir [akhir]

abjad alphabet

*Mini belajar **abjad** bahasa Indonesia.*
Minnie is learning the Indonesian **alphabet**.

absen absent

*Tiga siswa **absen** hari ini.*
Three students are **absent** today.
☞ see **tidak masuk**

abu-abu gray

*Tikus **abu-abu** itu memegang payung **abu-abu**.*
The **gray** mouse is holding a **gray** umbrella.
*Dia suka warna **abu-abu**.*
He loves the color **gray**.

A

adil fair

*Juri itu tidak **adil**.*
The jury is not **fair**.
☞ see **jujur**

Agustus August

*Tanggal 17 **Agustus** adalah Hari Kemerdekaan Indonesia.*
The 17th of **August** is Indonesian Independence Day.

air water

*Kita memerlukan **air** setiap hari.*
We need **water** every day.
*Gufi menyelam ke dalam **air**.*
Goofy is diving into the **water**.

air buah juice

*Minum segelas **air buah** setiap hari bagus untuk tubuh kita.*
Drinking a glass of **juice** every day is good for our bodies.
☞ see **jus**

air mata tear(s)

***Air mata**nya menetes.*
His **tears** fell.

ajaib, keajaiban miracle, wonder

*Tuhan menciptakan banyak **keajaiban**.*
God has worked many **miracles**.
*Candi Borobudur adalah satu dari tujuh **keajaiban** dunia.*
Borobudur Temple is one of the seven **wonders** of the world.

ajak, mengajak ask, invite
Aku ***mengajak****nya pergi ke pasar.*
I **asked** her to go to the market.
Dia ***mengajak*** *saya pergi ke pesta sekolahnya.*
She **invited** me to go to her school party.

ajar, belajar study, learn; **mengajar(i)** teach; **pelajaran** class, lesson
Mereka ***belajar*** *bahasa Indonesia di perpustakaan.*
They are **studying** Indonesian in the library.

Miki ***belajar*** *bahasa dengan cepat.*
Mickey is **learning** the language quickly.
Dia ***mengajari*** *aku bahasa Indonesia.*
She **teaches** me Indonesian.
Kami tidak ada ***pelajaran*** *kemarin.*
We had no **classes** yesterday.
Buka halaman 5 dan perhatikan ***Pelajaran*** *Dua.*
Please turn to page 5 and pay attention to **Lesson** Two.

akan shall, will
Aku ***akan*** *pergi ke sana kapan-kapan.*
I **shall** go there some time.
Dia ***akan*** *datang besok.*
She **will** come tomorrow.

A

akhir, berakhir end; **terakhir** last

*Itulah **akhir** ceritanya.*
That is the **end** of the story.
*Kapan pertunjukan itu **berakhir**?*
When did the show **end**?
*Kereta **terakhir** akan berangkat jam 8 tepat.*
The **last** train will leave at 8 o'clock.

aktor actor

*Gufi seorang **aktor**.*
Goofy is an **actor**.

aktris actress

*Aku ingin menjadi seorang **aktris**.*
I want to be an **actress**.

aku I

***Aku** pemain lempar-tangkap.*
I'm a juggler.
☞ see **saya**

alamat address

*Tulislah **alamat**mu di amplop ini.*
Write your **address** on this envelope.

alasan reason
*Titi menangis tanpa **alasan**.*
Titi cried without any **reason**.

alat tool
*Bolehkah aku meminjam **alat-alat** itu, Paman Miki?*
May I borrow those **tools**, Uncle Mickey?

alir, mengalir flow
*Ke manakah sungai-sungai **mengalir**?*
Where do rivers **flow**?

alis eyebrow
*Kita punya dua **alis**.*
We have two **eyebrows.**

Alqur'an the Koran
***Alqur'an** adalah Kitab Suci umat Islam.*
The Koran is the holy book of the Muslims.

aman safe
*Jangan membuka kandang singa itu. Tidak **aman**.*
Don't open the lion's cage. It's not **safe**.

A

amat badly, very
*Pasien itu **amat** membutuhkan obat.*
The patient needs medicine **badly**.
*Soal-soal ini **amat** sulit.*
These problems are **very** difficult.
☞ see **sangat**; **sekali**

ambil, mengambil get, take
***Ambil**lah bola itu!*
Get the ball!
*Desi **mengambil** payung dan pergi berjalan-jalan.*
Daisy **took** an umbrella and went for a walk.

Amerika Serikat United States (of America)
*Paman Gober membawa peta **Amerika Serikat**nya.*
Uncle Scrooge brought his map of the **United States**.

A

anak child (children), kid (kids)

Anak *itu tidur di pangkuan ibunya.*
The **child** is sleeping on her mother's lap.
Siapa ***anak*** *itu?*
Who is that **kid**?
- Dia teman sekelasku.
- He is my classmate.

anak anjing puppy

Aku mempunyai seekor ***anak anjing***
I have a **puppy.**

anak kucing kitten

Ada dua ***anak kucing****; satu cokelat, yang satunya abu-abu.*
There are two **kittens**; one is brown, the other (one) is gray.

A

anak laki-laki **1** boy. **2** son.

*Jadilah **anak laki-laki** yang baik.*
Be a good **boy**.
*Inilah Pak Hadi dengan **anak laki-lakinya**.*
Here is Mr. Hadi with his **son**.
☞ *anak (berjenis kelamin) laki-laki* **boy**
anak (kandung) laki-laki **son**

anak panah arrow
*Robin Hood punya lima **anak panah** dan sebuah busur.*
Robin Hood had five **arrows** and a bow.

anak perempuan **1** girl. **2** daughter.
***Anak perempuan** itu cantik.*
The **girl** is pretty.
*Ia **anak perempuan** Pak Smith.*
She is Mr. Smith's **daughter**.
☞ *anak (berjenis kelamin) perempuan* **girl**
anak (kandung) perempuan **daughter**
☞ see **gadis**

anda you
*Aku melihat **Anda** di taman kemarin. Anda menangkap kupu-kupu.*
I saw **you** in the park yesterday. You caught butterflies.
☞ see **kamu**

aneh strange
*Pluto sering mendengar suar suara **aneh** di tengah malan*
Pluto often hear **strange** sounds at midnight.

anggota member
*Dia **anggota** kelompok bermain kami.*
She is a **member** of our play group.

anggrek orchid
***Anggrek** bunga yang sangat indah.*
Orchids are very beautiful flowers.

anggur grape
*Mereka memasukkan **anggur-anggur** itu ke dalam keranjang.*
They are putting **grapes** in the basket.

angin wind; **berangin** windy

***Angin** menerbangkan daun-daun kering.*
The **wind** is blowing away the dry leaves.

*Akhir-akhir ini cuaca **berangin**.*
It has been **windy** recently.

ANGKA
NUMBER

1 pesawat
1 airplane

3 hadiah
3 presents

2 raket
2 rackets

6 balon
6 balloons

7 bola
7 balls

angkasa sky
*Bintang-bintang bersinar di **angkasa**.*
Stars shine in the **sky**.

angkat, mengangkat **1** lift. **2** raise.

*Dapatkah kamu **mengangkat** seratus pon seperti dia?*
Can you **lift** a hundred pounds like he can?
*Dia **mengangkat** tangan kanannya dan berteriak, "Hei."*
She **raised** her right hand and shouted, "Hey."

5 tulang
5 bones

4 kamera
4 cameras

8 hati
8 hearts

9 ikan
9 fish

10 kupu-kupu
10 butterflies

anjing dog

*Aku suka **anjing**.*
I like **dogs**.
*Paman Miki memberiku tiga ekor **anjing**.*
Uncle Mickey gave me three **dogs**.

A

anjing laut seal

*Petugas kebun binatang sedang memberi makan **anjing laut**.*
The zookeeper is feeding the **seals**.

antara, di antara 1 among. 2 between.

*Gufi gembira berada **di antara** teman-temannya.*
Goofy is happy **among** his friends.

*Gufi berdiri **di antara** Donal dan Miki.*
Goofy is standing **between** Donald and Mickey.

apa, apakah what, **mengapa** why

Apa *ini?*
What is it?
- *Itu gembok.*
- That is a lock.

Mengapa *mereka mengangkat tangan?*
Why are they raising their hands?
- *Karena mereka ingin menanyakan beberapa pertanyaan.*
- Because they want to ask some questions.

apartemen apartment

Mereka tinggal di ***apartemen****.*
They live in an **apartment**.

apel apple

Seekor ulat keluar dari ***apel*** *merah ini.*
A worm has come out of this red **apple**.

A

api fire; **perapian** fireplace

*Kwik, Kwek, dan Kwak membuat **api** unggun.*
Huey, Dewey, and Louie have made a camp**fire**.
***Api** itu membuat badan mereka tetap hangat.*
The **fire** keeps their bodies warm.

*Di rumahku tidak ada **perapian**.*
There is no **fireplace** in my house.

apoteker pharmacist

*Dia seorang **apoteker**.*
He is a **pharmacist**.

April April

*Aku lahir di bulan **April**.*
I was born in **April**.

apung, mengapung float

*Gufi **mengapung** di air sambil minum segelas air jeruk.*
Goofy is **floating** on the water while drinking a glass of orange juice.

arti mean, meaning
*Apa **arti**nya ini?*
What does it **mean**?
*Apa **arti** kata ini?*
What is the **meaning** of this word?
☞ see **maksud**, **bermaksud**

arung, mengarungi sail
*Para pelaut **mengarungi** lautan bebas.*
Sailors **sail** on the open sea.

asap smoke
*Dari mana asalnya **asap** itu?*
Where is the **smoke** coming from?

asing **1** foreign. **2** strange.
*Bahasa Inggris adalah bahasa **asing** bagi orang Indonesia.*
English is a **foreign** language for Indonesian people.
*Aku melihat seorang laki-laki **asing** di ujung jalan itu.*
I saw a **strange** man on the corner of the street.

asli real
*Cincin ini dibuat dari emas **asli**.*
This ring is made of **real** gold.
*Gelang ini emas **asli** bukan tiruan.*
This bracelet is **real** gold, not an imitation.

asyik, mengasyikkan exciting
*Permainan ini sangat **mengasyikkan**.*
This game is very **exciting**.

atap roof

*Tupai itu ada di **atap**.*
The squirrel is on the **roof**.

A

atas, **di atas** **1** on. **2** above, over.

*Burung kecil itu hinggap **di atas** dahan.*
The little bird perched **on** a branch.
*Burung itu ada **di atas** kita.*
The bird is **above** us.
*Ada awan hitam **di atas** kita.*
There were dark clouds **over** us.

atau or

*Kamu **atau** aku harus membersihkan meja itu.*
You **or** I should clean the table.
*Kamu senang menari **atau** menyanyi?*
Do you like dancing **or** singing?

atur arrange; **aturan** rule

***Atur**lah kursi-kursi itu.*
Arrange the chairs.
*Kalian harus mengikuti **aturan** permainan itu.*
You should follow the **rules** of the game.

aula hall

*Kwek menunggu Kwik dan Kwak di **aula**.*
Dewey is waiting for Huey and Louie in the **hall**.

awal beginning

*Pekerjaan itu akan selesai **awal** tahun ini.*
The work will be finished at the **beginning** of this year.

awan cloud; **berawan** cloudy

*Ada **awan-awan** putih di angkasa biru.*
There are white **clouds** in the blue sky.
*Langit **berawan**. Hujan akan segera turun.*
The sky is **cloudy**. It's going to rain.

ayah father
__Ayah__ku memakai jas cokelat tua.
My **father** is wearing a dark brown suit.

ayam chicken
***Ayam-ayam** itu makan cacing.*
The **chickens** are eating worms.

ayam betina hen

*Nenek memelihara dua **ayam betina**. Setiap hari mereka bertelur.*
Grandma raises two **hens**.
Every day they lay eggs.

ayam jantan rooster
***Ayam jantan** itu berkokok setiap pagi.*
The **rooster** crows every morning.

ayun, ayunan swing
*Mereka pergi ke taman dan bermain **ayunan**.*
They go to the park and play on the **swing**.

B

babi pig

Babi *ini tersenyum bahagia.*
This **pig** is smiling happily.

baca, membaca read

Miki ***membaca*** *buku setiap hari.*
Mickey **reads** a book every day.

badan body

Badan*ku penuh lumpur.*
My **body** was covered with mud.
☞ see **tubuh**

badut clown

Badut-badut *itu lucu sekali.*
The **clowns** are very funny.

bagaimana how
***Bagaimana** keadaan ibumu sekarang?*
How is your mother now?

bagi, berbagi, membagi divide, share; **bagian** part
*Donal **membagi** sebuah semangka menjadi tiga bagian.*
Donald **divided** a watermelon into three parts.
*Ibu menyuruhku **membagi** balon ini denganmu.*
Mother asked me to **share** these balloons with you.

*Aku **berbagi** komputer dengan saudara-saudariku.*
I **share** the computer with my brother and sister.
*Dapatkah kamu menyebutkan **bagian-bagian** tubuh manusia?*
Can you tell me the **parts** of the human body?

bagus good
*Gambar ini **bagus.***
This picture is **good.**

bahasa language
*Dia bicara dalam banyak **bahasa**.*
He speaks in many **languages**.

bahaya danger; **berbahaya** dangerous
*Binatang-binatang langka itu dalam **bahaya**.*
Rare animals are in **danger**.
*Pisau **berbahaya** bagi anak-anak kecil.*
Knives are **dangerous** for small children.

bahkan even
Bahkan orangtuanya tidak tahu di mana dia.
Even his parents didn't know where he was.

B

bahu shoulder
*Siapa yang duduk di **bahu** Pak Budi?*
Who is sitting on Mr. Budi's **shoulder**?
- *Putri kecilnya.*
- His little daughter.

baik fine, good; **memperbaiki** to repair; **terbaik** best
Bagaimana kabarmu hari ini?
How are you today?
- ***Baik**, terima kasih.*
- **Fine**, thank you.

*Mereka orang-orang yang **baik**.*
They are **good** people.
*Kwik, Kwek, dan Kwak mencoba **memperbaiki** sepeda.*
Huey, Dewey, and Louie are trying to **repair** a bike.
*Dia murid **terbaik**.*
He is the **best** student.

baik hati kind

*Dia selalu **baik hati** kepada semua orang.*
She is always **kind** to every one.
*Miki Tikus **baik hati**.*
Mickey Mouse is **kind**.

bak mandi bathtub

*Isilah **bak mandi** itu dengan air.*
Fill the **bathtub** with water.

bakar, membakar burn; **terbakar** burning, burned, on fire

*Kapan kamu **membakar** surat itu?*
When did you **burn** the letter?
*Laboratorium itu **terbakar**.*
The laboratory is **burning**.
*Gedung itu **terbakar** habis.*
The building **burned** down.
*Rumah Pluto **terbakar**.*
Pluto's house is **on fire**.

balon balloon

***Balon** Kwak lebih besar daripada balon Kwik.*
Louie's **balloon** is bigger than Huey's.

band band

*Inilah marching **band** itu!*
Here comes the marching **band**!

B

bandar udara airport
*Jemputlah aku di **Bandar Udara** Soekarno-Hatta.*
Pick me up at Soekarno-Hatta **Airport**.

bangga proud

*Kamu harus **bangga** dengan gambarmu. Ini bagus sekali.*
You should be **proud** of your picture. It is very good.

bangku bench

*Setiap Minggu mereka duduk di **bangku** itu dan mengobrol.*
Every Sunday they sit on the **bench** and chat.

bangsa nation
*Ayah bekerja untuk Perserikatan **Bangsa-Bangsa.***
Father works for the United **Nations**.

[1]**bangun** get up, rise; **membangunkan** wake up

*Donal sering **bangun** terlambat.*
Donald often **gets up** late.
*Nenek selalu **bangun** pagi-pagi.*
Grandma always **rises** early.
*Ayo kita **bangunkan** dia.*
Let's **wake** him **up**.

B

[2]bangun, bangunan building; **membangun** build

*Apakah Miki **membangun** sebuah rumah untuk Pluto?*
Is Mickey **building** a house for Pluto?

*Itu **bangunan** yang besar.*
That is a big **building**.
☞ see **gedung**

bank bank
*Aku mengambil sejumlah uang dari **bank**.*
I withdrew some money from the **bank**.
*Ayahnya adalah seorang manajer **bank**.*
Her father is a **bank** manager.

bantal pillow
*Kiki berbaring di atas **bantal** kuning besar.*
Chip is lying down on a big yellow **pillow**.

bantu, membantu help

*Dapatkah kamu **membantu**ku, Donal?*
Can you **help** me, Donald?
*Aku akan **membantu**mu menyapu lantai.*
I'll **help** you sweep the floor.

B

banyak **1** lot. **2** many, much; **kebanyakan** most

*Donal membelikan **banyak** es krim untuk Desi.*
Donald bought a **lot** of ice cream for Daisy.
*Ada **banyak** orang di rumah Donal.*
There were **many** people in Donald's house.
*Berapa **banyak** uang yang kau butuhkan?*
How **much** money do you need?
***Kebanyakan** orang Indonesia senang nonton sepak bola.*
Most Indonesians enjoy watching football.

Bapak (Pak) Mr. (Mister)
*Dia **Bapak** Jaya.*
He is **Mr**. Jaya.
***Pak** Jaya adalah seorang guru.*
Mr. Jaya is a teacher.

barang goods; **barang pecah belah** dishes

*Ini daftar **barang-barang** itu.*
This is the list of those **goods**.
*Desi sedang mencuci **barang pecah belah**.*
Daisy is washing the **dishes**.

barangkali perhaps
***Barangkali** Nenek akan datang ke sini besok.*
Perhaps Grandma will come here tomorrow.
☞ see **mungkin**

barat west
Lihatlah ke arah ***barat***. *Matahari mulai terbenam.*
Look to the **west**. The sun is going down.

B

baring, berbaring lie

*Mereka **berbaring** di atas selimut biru.*
They are **lying** down on a blue blanket.

baris row; **barisan** line; **berbaris** march

*Dia memintaku duduk di **baris** pertama.*
He asked me to sit in the first **row**.
*Mereka berdiri dalam **barisan**.*
They are standing in **line**.

*Mereka **berbaris** menuju balai kota.*
They **marched** to the city hall.

baru new

*Gufi membeli sepasang sepatu **baru**.*
Goofy bought a pair of **new** shoes.
*Sepatu **baru** itu terbuat dari kulit.*
The **new** shoes are made of leather.
☞ *tua, lama* **old**

B

basah wet

Dopei kehujanan dan ***basah****.*
Dopey was caught in the rain and got **wet**.
Dia harus mencopot bajunya yang ***basah*** *itu.*
He had to take off his **wet** clothes.

basuh, membasuh wash

Mereka ***membasuh*** *wajah dan tangan mereka sebelum pergi tidur.*
They **wash** their faces and hands before going to bed.

batang log

Batang *itu panjang.*
The **log** is long.

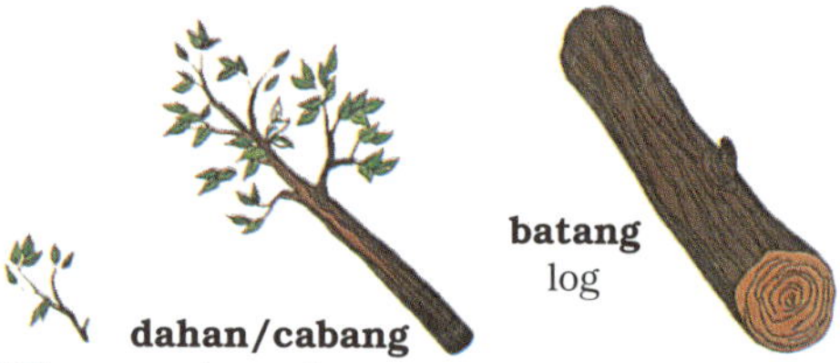

batu rock, stone

Aku duduk di atas sebuah ***batu*** *besar.*
I am sitting on a big **rock**.
Awas, Gufi. Ada ***batu*** *di belakangmu.*
Watch out, Goofy. There is a **stone** behind you.

batuk cough

*Desi pergi ke dokter karena dia sakit **batuk**.*

Daisy went to the doctor because she had a **cough**.

bau smell

*Obat ini **bau**nya tidak enak.*

The medicine **smells** bad.

*Aku tidak suka **bau** obat ini.*

I don't like the **smell** of this medicine.

bawa, membawa bring, carry, take

*Dia **membawakan** aku sebuah novel setiap minggu.*

She **brings** me a novel every week.

*Gufi berjalan sambil **membawa** sepiring ayam.*

Goofy is walking and **carrying** a plate of chicken.

***Bawa**lah tas itu bersamamu.*

Take that bag with you.

bawah, di bawah 1 below. 2 under.

*Lembah itu ada **di bawah** kita.*

The valley is **below** us.

*Tempat ini ada **di bawah** permukaan air laut.*

This place is **below** sea level.

*Siapa yang ada **di bawah** topi itu?*

Who is **under** the hat?

bayang, bayangan shadow; **membayangkan** imagine

*Aku melihat **bayangan**mu di dinding.*
I saw your **shadow** on the wall.
*Apa yang kamu **bayangkan**, Kwek?*
What are you **imagining**, Dewey?

bayar, membayar pay

*Mini **membayar** dua puluh dolar untuk bunga-bunga itu.*
Minnie **paid** twenty dollars for the flowers.

bayi baby

*Adik **bayi**ku selalu tidur di pagi hari.*
My **baby** brother always sleeps in the morning.

bebas free

*Biarkan burung-burung itu **bebas**.*
Let the birds be **free**.

bebek duck

Bebek-bebek *ini sedang bernyanyi.*
The **ducks** are singing.
☞ see **itik**

beberapa a few, several, some

Agus memelihara ***beberapa*** *anak anjing.*
Gus is raising **a few** puppies.
Dia menulis ***beberapa*** *artikel.*
She has written **several** articles.
Kwek membutuhkan ***beberapa*** *pensil warna.*
Dewey needs **some** color pencils.

beda, perbedaan difference; **berbeda** different

Apa ***perbedaan*** *antara Desi dan Mini?*
What is the **difference** between Daisy and Minnie?
Mereka sangat ***berbeda****.*
They are very **different**.

begitu such

Nenek memasak makanan yang ***begitu*** *lezat.*
Grandma cooks **such** delicious food.
Paman Gober mempunyai rumah yang ***begitu*** *indah.*
Uncle Scrooge has **such** a lovely house.

bel bell

Bel *pintu berbunyi.*
The door**bell** is ringing.

B

belah, membelah chop; **sebelah** beside

*Gufi menggunakan kapaknya untuk **membelah** kayu.*
Goofy used his ax to **chop** wood.
*Aku ingin duduk di **sebelah**nya.*
I want to sit **beside** him.

belakang, di belakang **1** back. **2** behind. **3** after.

*Bagian **belakang** rumah Pluto kotor.*
The **back** of Pluto's house is dirty.
*Siapa yang bersembunyi **di belakang** topi biru itu?*
Who is hiding **behind** the blue hat?
*Tutuplah pintu **di belakang**mu.*
Shut the door **after** you.

belanja, berbelanja shop, go shopping; **membelanjakan** spend
*Dia sering **berbelanja** di toko itu.*
She often **shops** at that store.
*Mari kita **berbelanja**.*
Let's **go shopping**.
*Dia **membelanjakan** semua uangnya untuk membeli baju.*
She **spent** all her money on clothes.

beli, membeli buy
*Mini **membeli** banyak makanan.*
Minnie is **buying** a lot of food.

belum not yet; **sebelum** before
*Aku **belum** menyelesaikan PR-ku.*
I have**n't** finished my homework **yet**.
*Cucilah tanganmu **sebelum** makan.*
Wash your hands **before** you eat.

benar **1** correct, right. **2** true; **benar-benar** very, really

*Jawabanmu **benar**.*
Your answer is **correct**.
*Ia tak mungkin **benar**.*
He can't be **right**.
***Benar**, dia orang Amerika.*
It is **true**; he is an American.
*Lukisannya **benar-benar** bagus.*
His painting is **very** good.
*Kwik **benar-benar** sedih mendengar berita itu.*
Huey is **really** sad to hear the news.
☞ see **betul**; **sungguh**

benci, membenci hate

*Kami **membenci** lalat.*
We **hate** flies.

benda thing

*Gufi sedang mengecek semua **benda** miliknya.*
Goofy is checking all his **things**.

bendera flag

*Begitu Miki melambaikan **bendera**, mereka memulai perlombaan.*
As soon as Mickey lowers the **flag**, they will start the race.

bensin gas

*Mereka berhenti di pompa **bensin** untuk membeli **bensin**.*
They stopped at a **gas** station to buy **gas**.

bentuk shape

*Kalian sebaiknya mempelajari **bentuk-bentuk** yang berbeda ini.*

You should learn these different **shapes**.

bujur sangkar
square

bulat telur
oval

wajik
diamond

hati
heart

bintang
star

empat persegi panjang
rectangle

lingkaran
circle

segitiga
triangle

berangkat leave

*Miki **berangkat** ke Surabaya.*
Mickey **left** for Surabaya.

berani brave

*Kwik ingin menjadi prajurit yang **berani**.*
Huey wants to be a **brave** soldier.

berat heavy

*Mereka menggotong sebuah batu yang **berat**.*
They carried a **heavy** stone.
*Apakah itu terlalu **berat** bagimu?*
Is that too **heavy** for you?

berengut, memberengut frown

*Mengapa mereka **memberengut** pada Kiki dan Koko?*
Why did they **frown** at Chip and Dale?

B

beres okay (OK), fine

Semuanya ***beres****. Pertunjukan harus dilanjutkan.*
Everything is **OK**. The show must go on.
Jangan khawatir. Semuanya akan ***beres****.*
Don't worry. Everything will be **fine**.

beri, memberi, memberikan give

*Ku****berikan*** *apel ini kepadamu, Mini.*
I **give** this apple to you, Minnie.

berita news

Dia bekerja sebagai pembaca ***berita*** *di televisi.*
She works as a **news** presenter on television.

berlian diamond

Dopei membawa sekeranjang ***berlian****.*
Dopey carried a basket of **diamonds**.
Satu ***berlian****nya jatuh.*
One of the **diamonds** fell.

bersih, membersihkan clean

Bersihkan *mejamu.*
Clean your table.
Menurutmu Kwik kelihatan ***bersih****?*
Do you think Huey looks **clean**?

beruang bear

Apa yang sedang dilakukan ***beruang*** *itu?*
What is the **bear** doing?
- ***Beruang*** *itu sedang tersenyum.*
- The **bear** is smiling.

besar **1** big, large. **2** great.
*Gajah mempunyai telinga **besar**.*
Elephants have **big** ears.
*Gajah **besar** itu ramah sekali.*
The **large** elephant is very friendly.
*Jenderal Sudirman adalah seorang pahlawan **besar**.*
General Sudirman is a **great** hero.

besi iron
***Besi** adalah logam yang sangat berguna.*
Iron is a very useful metal.

besok tomorrow
*Dia akan pergi ke sana **besok** pagi.*
She will go there **tomorrow** morning.

betul right, correct, true; **kebetulan** happen to
*Desi dan Donal **kebetulan** ada dalam satu bus.*
Daisy and Donald **happened to** be in the same bus.
☞ see **benar**

biar, membiarkan let, leave it
***Biarkan** dia pergi.*
Let him go.
***Biarkan** saja di situ.*
Just **leave it** there.
☞ see **izin**

B

biasa **1** used to. **2** usual; **kebiasaan** habit; **biasanya** **1** generally. **2** usually.
*Aku **biasa** makan pagi pukul 7.*
I am **used to** having breakfast at 7.
*Ia melakukannya seperti **biasa**.*
She did it as **usual**.
*Bangun pagi adalah **kebiasaan** yang baik.*
It is a good **habit** to get up early.
***Biasanya** mereka pergi ke sekolah naik bus.*
They **generally** go to school by bus.
*Bibi Desi **biasanya** membangunkan kami pukul 5.30.*
Aunt Daisy **usually** wakes us up at 5.30.

bibi aunt
***Bibi** Desi cantik sekali.*
Aunt Daisy is very beautiful.
☞ see **tante**

bibir lip
*Putri Salju ber**bibir** merah.*
Snow White has red **lips**.

bicara, berbicara speak, talk
*Klarabela tidak **bicara** sepatah kata pun.*
Clarabelle didn't **speak** a word.
*Dia terlalu banyak **bicara**.*
He **talks** too much.

bijaksana wise
*Kakek sangat **bijaksana**.*
Grandpa is very **wise**.

binatang animal

monyet
monkey

bebek
duck

jerapah
giraffe

kanguru
kangaroo

gajah
elephant

harimau
tiger

singa
lion

sapi
cow

kuda
horse

B

binatang kesayangan pet

*Mereka melihat lomba **binatang kesayangan**.*
They ar e watching the **pet** show.

bintang star

***Bintang-bintang** bersinar terang.*
The **stars** shine brightly.

B

biola violin

*Kwak dapat memainkan **biola** dengan baik.*

Louie can play the **violin** well.

bioskop movie, theater

*Donal dan Desi pergi ke **bioskop** tadi malam.*

Donald and Daisy went to a **movie** last night.

*Aku melihat film di **bioskop** dua kali seminggu.*

I see a movie at the **theater** twice a week.

biru blue

*Semuanya **biru***

Everything is **blue**.

bisa able, can

*Kwik **bisa** menerbangkan pesawat terbang mainan.*

Huey is **able** to fly a toy airplane.

*Dia **bisa** berenang?*

Can he swim?

☞ see **dapat**

bisbol baseball
Kamu tahu siapa yang sedang bermain ***bisbol****?*
Do you know who are playing **baseball**?

B

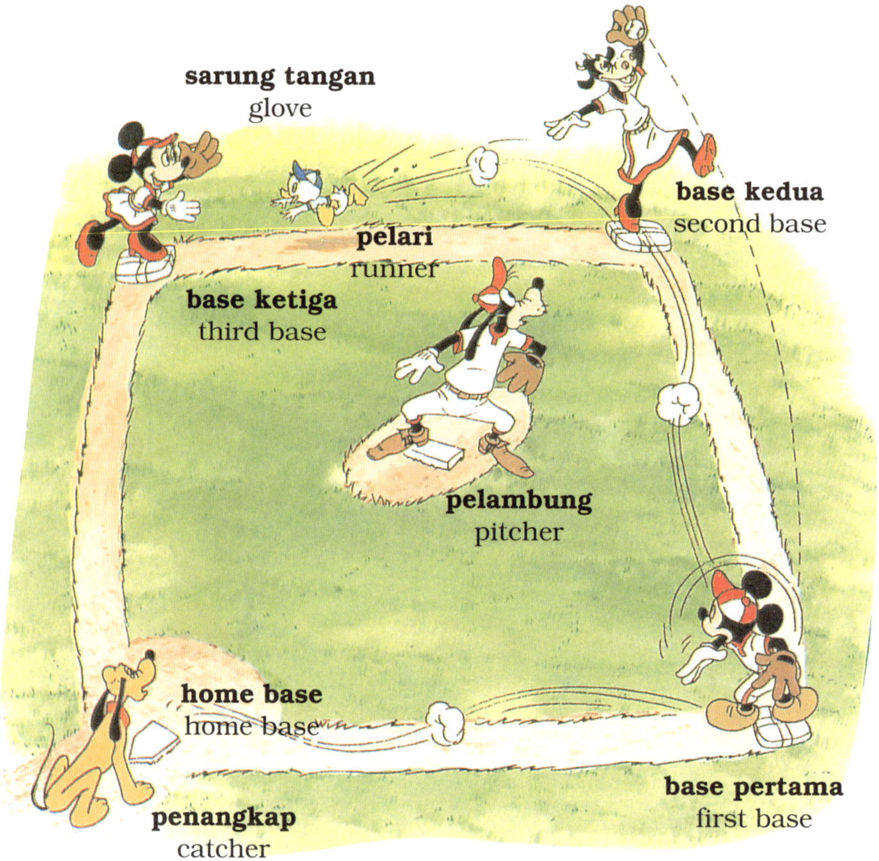

bising noise, noisy

*Jam beker Gufi terlalu **bising**.*
Goofy's alarm clock is making too much **noise**. (Goofy's alarm clock is too **noisy**).
*Jangan terlalu **bising.** Bayi itu sedang tidur.*
Don't be too **noisy.** The baby is sleeping.

biskuit biscuit
*Mini suka **biskuit**.*
Minnie likes **biscuits**.

bisnis business
***Bisnis** Paman Gober berjalan baik.*
Uncle Scrooge's **business** is good.
☞ see **usaha**; **urusan**

bodoh dull, fool, foolish
*Ia **bodoh** sekali.*
He is so **dull**.
*Jangan **bodoh**.*
Don't be a **fool**.
*Itu jawaban yang **bodoh**.*
That is a **foolish** answer.

bohong, berbohong lie
*Jangan pernah **berbohong**.*
Never tell a **lie**.
*Kamu **bohong**.*
You are **lying**.

bola ball
*Ini **bola-bola**ku.*
These are my **balls**.
*Ada berapa **bola** di sana?*
How many **balls** are there?

B

bola basket basketball
Hobiku bermain ***bola basket.***
My hobby is playing **basketball**.

boleh may; **memperbolehkan** allow

Boleh *aku masuk?*
May I come in?
Ibu ***memperbolehkan*** *aku membeli banyak es krim.*
Mother **allowed** me to buy a lot of ice cream.

boneka doll
Mini membeli ***boneka***.
Minnie bought a **doll**.
Ini ***boneka*** *kesayangan Mini.*
This is Minnie's favourite **doll**.

boneka salju snowman
Kwik, Kwek, Kwak membuat ***boneka salju***.
Huey, Dewey, Louie made a **snowman**.

boros, memboroskan waste
Dia ***memboroskan*** *uang orangtuanya.*
She **wasted** her parents' money.

bosan bored; **membosankan** boring, dull
Mereka ***bosan*** *dengan pelajaran itu.*
They were **bored** with the lesson.
Menunggu itu ***membosankan***.
Waiting is **boring**.
Ini buku yang ***membosankan***.
It is a **dull** book.

botol bottle
Aku suka mengumpulkan ***botol***.
I like to collect **bottles**.

buah, buah-buahan fruit

*Donal senang makan **buah-buahan**.*
Donald likes to eat **fruit**.

stoberi strawberry

apel apple

anggur grapes

persik peach

pisang banana

jeruk orange

pir pear

nanas pineapple

ceri cerry

B

buat, membuat make; **terbuat** (be) made of

*Mereka sedang **membuat** apa?*
What are they **making**?
*Perahu itu **terbuat** dari kayu.*
The boat is **made** of wood.

bujur sangkar square

*Gambarlah sebuah **bujur sangkar**.*
Draw a **square**.
*Apa bedanya **bujur sangkar** dengan empat persegi panjang?*
What is the difference between a **square** and a rectangle?

buka, membuka, terbuka open

*Gufi **membuka** jendela.*
Goofy is **opening** the window.
*Angin bertiup melalui jendela yang **terbuka**.*
The wind blows through the **open** window.

bukan no, not

*Dia **bukan** ayahku.*
He is **not** my father.
☞ see **tidak**

bukit hill

*Mereka mengendarai mobil melalui **bukit-bukit**.*
They drove the car through the **hills**.

buku book

*Desi memberiku sebuah **buku** cerita.*
Daisy gave me a story **book**.

buku catatan notebook

*Tulislah ini di **buku catatan**mu.*
Write it down in your **notebook**.
*Kwek lupa membawa **buku catatan**nya.*
Dewey forgot to bring his **notebook**.

bulan **1** month. **2** moon.

*Mereka akan pergi ke Indonesia **bulan** depan.*
They will go to Indonesia next **month**.
***Bulan** dan bintang bersinar di waktu malam.*
The **moon** and the stars shine at night.

B

bulat round
*Bola itu **bulat**.*
Balls are **round**.
☞ see **bundar**

bulu feather
*Mereka mempunyai sehelai **bulu** merah besar.*
They have a large red **feather**.

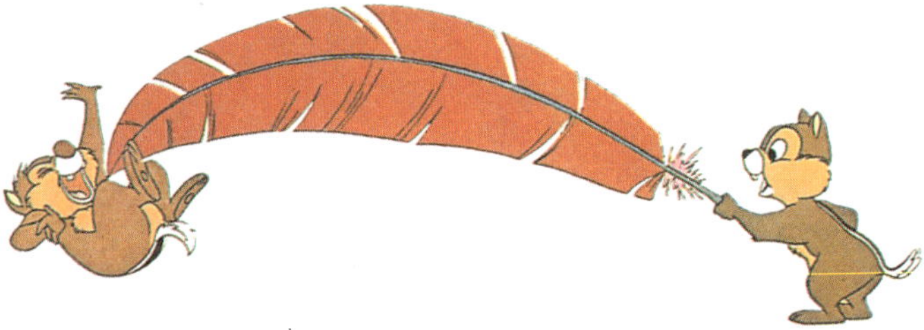

bumi earth
***Bumi** memperoleh cahaya dan panas dari matahari.*
The **earth** receives light and heat from the sun.

buncis bean(s)
*Aku tidak suka **buncis**.*
I don't like **beans**.

bundar round

*Letakkan ini di atas meja **bundar** itu.*
Put it on the **round** table.

bunga flower

*Lebah-lebah mengisap madu dari **bunga-bunga**.*
Bees suck honey from **flowers**.

B

bungkuk, membungkuk **1** bend. **2** bow.
*Mengapa mereka **membungkuk** ke tanah?*
Why did they **bend** down to the ground?
*Ia **membungkuk** di hadapan orangtuanya.*
She **bowed** before her parents.

bungkus, bungkusan package; **membungkus** wrap
*Dia menemukan sebuah **bungkusan** kecil di depan pintu.*
He found a small **package** in front of the door.
*Inilah pertama kalinya Donal **membungkus** kado.*
This is the first time Donald **wraps** a gift.

bunuh, membunuh kill
*Aku tidak pernah **membunuh** binatang.*
I have never **killed** an animal.

B

bunyi sound; **membunyikan** ring

Ada berbagai macam ***bunyi****.*
There are different **sounds**.
Siapa yang ***membunyikan*** *bel itu?*
Who is **ringing** the bell?
☞ see **suara**

buru, berburu hunt; **buru-buru**, **terburu-buru** hurry, (be) in a hurry

Para pangeran ***berburu*** *binatang di hutan.*
Princes **hunted** animals in the woods.
Aku sedang ***terburu-buru****.*
I'm **in a hurry**.
☞ see **cepat-cepat**

buruk bad

Gadis itu punya kebiasaan ***buruk****.*
The girl has a **bad** habit.
Tingkah lakunya ***buruk****.*
He has **bad** behaviour
☞ see **jelek**

burung bird

Burung *itu berkicau.*
The **bird** is singing.

B

bus bus
*Satu per satu mereka turun dari **bus**.*
One by one they are getting off the **bus**.

busur bow
*Donal mempunyai sebuah **busur** dan dua puluh anak panah.*
Donald has one **bow** and twenty arrows.

buta blind
*Laki-laki tua itu **buta**.*
The old man is **blind**.

butuh, membutuhkan need
*Pengemis itu sangat **membutuhkan** makanan.*
The beggar **needs** food badly.
☞ see **perlu**

cabang branch

*Pohon itu ber**cabang-cabang**.*

The tree has **branches.**

☞ see **dahan**

cacing worm

*Aku takut akan **cacing**.*

I'm afraid of **worms**.

*Ini **cacing** atau ular?*

Is this a **worm** or a snake?

cadas rock

***Cadas** itu keras.*

Rocks are hard.

☞ see **batu**

cangkang shell

***Cangkang**mu yang berwarna biru.*

Your **shell** is the blue one.

cangkir cup

*Ini **cangkir** teh Nenek.*

This is Grandma's tea **cup**.

*Dia minum kopi dua **cangkir** sehari.*

She drinks two **cups** of coffee a day.

cangkul hoe
*Ayah membeli sebuah **cangkul.***
Father bought a **hoe**.

cantik beautiful
*Mini **cantik.***
Minnie is **beautiful**.

C

capek tired
*Dia kelihatan **capek** sekali.*
He looked very **tired**.
☞ see **lelah**

cara way
*Kerjakan dengan **cara** yang sama.*
Do it the same **way**.

cari, mencari look for

*Apa yang Nenek **cari**?*
What is Grandma **looking for**?
- *Dia **mencari** sepatunya.*
- She is **looking for** her shoe.

cat, mengecat paint
*Siapa yang sedang **mengecat** pagar itu?*
Who is **painting** the fence?
*sekaleng **cat***
a tin of **paint**

catat, catatan note; **mencatat** take note(s)

*Di mana buku **catatan**mu?*
*Where is your **note**book?*
Catatlah.
Please **take note(s).**

cedera hurt

*Kaki Gufi **cedera** ketika dia jatuh.*
Goofy **hurt** his leg when he fell.

celaka, kecelakaan accident

*Gufi tersandung batu dan dia mengalami **kecelakaan**.*
Goofy stumbled over a stone and he had an **accident.**

celana pants

***Celana** ini mahal.*
These **pants** are expensive.
*Gadis itu memakai **celana** hijau.*
The girl is wearing green **pants.**

C

celana panjang trousers
*Ini **celana panjang**mu.*
These are your **trousers.**

cepat fast, quick; **kecepatan** speed; **cepat-cepat** hurry; **dengan cepat** quickly
*Kuda dapat berlari **cepat**.*
Horses can run **fast.**
***Cepatlah.** Orang itu di sana.*
Be **quick**, please. The man is over there.

*Donal mengendarai sepedanya dengan **kecepatan** tetap.*
Donald rode his bike at a steady **speed**.
*Ayahku **cepat-cepat** pergi ke pertemuan itu.*
My father **hurried** to the meeting.

*Mereka **dengan cepat** melarikan diri.*
They are running away **quickly.**

cerah **1** bright, clear. **2** sunny.

*Alangkah **cerah**nya hari ini.*
What a **bright** day.
*Pesawat itu terbang di langit biru yang **cerah**.*
The plane is flying in a **clear** blue sky.
*Ini hari yang **cerah**.*
It's a **sunny** day.

cerdik clever
*Kwik, Kwek, dan Kwak sangat **cerdik.***
Huey, Dewey, and Louie are very **clever.**

ceri cherry
*Gufi senang makan **ceri.***
Goofy likes eating **cherries.**

cerita story; **menceritakan** tell

*Paman Miki membacakan sebuah **cerita** untukku.*
Uncle Mickey read me a **story.**
*Tolong jangan **ceritakan** hal ini kepada siapa pun.*
Please don't **tell** anybody about it.

cermin mirror

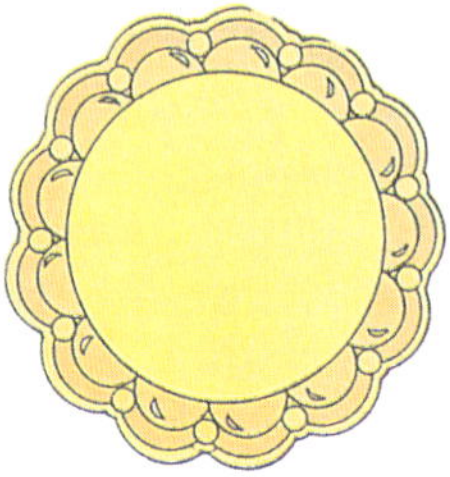

Dia selalu membawa sebuah ***cermin*** *di tasnya.*
She always carries a **mirror** in her bag.

cerobong asap chimney

Di rumahku tidak ada ***cerobong asap****.*
There is no **chimney** in my house.

Cina (RRC) China

Dia lahir di ***Cina****.*
She was born in **China**.

cincin ring

Ini ***cincin*** *yang mahal sekali.*
This is a very expensive **ring**.
Mini melihat ***cincin*** *Desi.*
Minnie is looking at Daisy's **ring**.

cinta, mencintai love

Mereka saling ***mencintai.***
They **love** each other.
Kita harus ***mencintai*** *binatang-binatang.*
We must **love** animals.

C

cium, ciuman, mencium kiss

*Mereka **mencium** pipi Pluto.*
They are **kissing** Pluto's cheeks.
*Ibu memberiku **ciuman** di hari ulang tahunku.*
Mother gave me a **kiss** on my birthday.

coba, mencoba try

*Gufi **mencoba** mengangkat kuda nil itu tetapi tidak bisa.*
Goofy **tried** to lift the hippo but he couldn't.
*Dia akan **mencoba** lagi.*
He will **try** again.

cocok fit

☞ see **pas**

cokelat 1 brown. 2 chocolate.

*Monyet-monyet (berbulu) **cokelat** itu makan buah.*
The **brown** monkeys are eating fruit.
*Berilah aku sebatang **cokelat.***
Please give me a **chocolate** bar.

contoh example

*Berilah aku sebuah **contoh.***
Give me an **example.**
*Lihatlah **contoh**nya.*
Look at the **example.**

cuaca weather

*Hari ini **cuaca** buruk.*
The **weather** is bad today.
***Cuaca**nya hangat.*
The **weather** is warm.

cuci, mencuci wash

*Mereka sedang **mencuci** mobil.*
They are **washing** the car.

cukup enough

*Kami punya **cukup** makanan untuk musim dingin.*
We have **enough** food for the winter.
*Mini tidak punya **cukup** uang untuk membeli boneka.*
Minnie doesn't have **enough** money to buy a doll.

curi, mencuri steal; **pencuri** thief

*Siapa yang **mencuri** kueku?*
Who **stole** my cake?

***Pencuri** mengambil semua uang Donal.*
A **thief** stole all of Donald's money.

dada chest

*Miki menempelkan stetoskop di **dada**nya.*

Mickey placed the stethoscope on his **chest**.

daftar makanan menu

*Mari kita lihat **daftar makanan**nya.*

Let's see the **menu**.

daging meat

*Nenek dan Agus makan **daging**.*

Grandma and Gus are eating **meat**.

dagu chin

*Ini **dagu**ku.*

This is my **chin**.

D

dahan branch
Mereka duduk dan bermain di atas ***dahan****.*
They sat and played on a **branch**.

dahulu, mendahului ahead of
Dia berlari ***mendahului****ku.*
She is running **ahead of** me.

¹dalam deep
Jangan bermain di sungai. Sungai itu ***dalam****.*
Don't play in the river. The river is **deep**.

²dalam, di dalam in, inside, within
Siapa yang ada ***di dalam*** *keranjang itu?*
Who is **in** the basket?

Apakah Miki berada ***di dalam*** *rumah?*
Is Mickey **inside** the house?
Dia menyelesaikan pekerjaan itu ***dalam*** *waktu dua jam.*
She finished the work **within** two hours.

D

damai, perdamaian peace

Semoga jiwanya beristirahat dalam ***damai****.*
May his soul rest in **peace**.
Kita harus memelihara ***perdamaian*** *dunia.*
We should safeguard world **peace**.

dan and

Donal ***dan*** *Desi belajar bahasa Indonesia.*
Donald **and** Daisy are learning Indonesian.
Agus menulis sepucuk surat untuk Kwik ***dan*** *Kwek.*
Gus wrote a letter for Huey **and** Dewey.

danau lake

Mereka menaruh perahu mainan mereka di ***danau****.*
They placed their toy boat on the **lake**.

dangkal shallow

Sungai ini ***dangkal****.*
Sungai ini tidak dalam.
This river is **shallow**.
This river is not deep.

dapat able, can; **mendapat** get

Ia ***dapat*** *menyetir mobil.*
She is **able** to drive a car.
Aku ***dapat*** *berenang.*
I **can** swim.
Di mana kamu ***mendapatkan*** *buku itu?*
Where did you **get** the book?

dapur kitchen

Mini berada di ***dapur****.*
Minnie is in the **kitchen**.

darah blood
*Apa golongan **darah**mu?*
What is your **blood** type?

darat, mendarat land
*Manusia hidup di **darat**.*
People live on **land**.
*Pesawat itu **mendarat** dengan lancar.*
The plane **landed** smoothly.

D

dari from
*Aku berasal **dari** Indonesia.*
I come **from** Indonesia.
*Mereka belajar **dari** pagi hingga petang.*
They study **from** morning till evening.
***dari** Bandung ke Jakarta*
from Bandung to Jakarta

daripada than
Desi lebih tinggi ***daripada*** *Mini.*
Daisy is taller **than** Minnie.
Ikanmu lebih kecil ***daripada*** *ikanku.*
Your fish is smaller **than** mine.

D

dasar bottom
Judul film itu "Perjalanan ke ***Dasar*** *Laut".*
The title of the film is "Voyage to the **Bottom** of the Sea".

dasi tie

Dasi *Miki bagus.*
Mickey's **tie** is nice.

datang come
Mengapa kamu tidak ***datang*** *menengokku?*
Why didn't you **come** to see me?
Aku akan ***datang*** *besok pagi.*
I will **come** tomorrow morning.

daun leaf (leaves)
Ada berapa ***daun*** *dalam gambar ini?*
How many **leaves** are there in this picture?

D

daya, memperdaya play a trick on

*Jangan **memperdaya** teman-temanmu, Koko.*
Don't **play tricks on** your friends, Dale.

dayung oar; **mendayung** row

*Donal membeli **dayung**.*
Donald bought an **oar**.
*Siapa yang **mendayung** perahu itu?*
Who is **rowing** the boat?

debu dust

*Ada banyak sekali **debu** di meja.*
There was a great deal of **dust** on the table.

dekat near

*Pluto berjalan di **dekat** rumah Bu Otto.*
Pluto is walking **near** Mrs. Otto's house.
*Rumahku **dekat** rumah sakit.*
My house is **near** the hospital.

delapan eight

*Ada **delapan** horen es krim.*
There are **eight** ice cream cones.

delapan belas eighteen

*Aku akan memberimu **delapan belas** apel.*
I'll give you **eighteen** apples.

delapan puluh eighty

*Lima puluh ditambah tiga puluh sama dengan **delapan puluh**.*
Fifty plus thirty is **eighty**.

dengan **1** with. **2** by.
*Maukah kamu pergi **dengan**ku ke pesta itu?*
Will you go **with** me to the party?
*Aku datang **dengan** kereta api.*
I came **by** train.

dengar, mendengar hear; **mendengarkan** listen
*Aku tak dapat **mendengar**mu.*
I can't **hear** you.
*Dia tidak **mendengar** berita itu.*
He didn't **hear** the news.
*Donal senang **mendengarkan** suara burung-burung.*
Donald likes to **listen** to the birds.

dengkur, mendengkur snore

*Siapa yang **mendengkur** itu?*
Who is **snoring**?

depan, di depan **1** ahead. **2** front. **3** next.
*Siapa yang mengendarai sepeda **di depan** Kiki?*
Who is riding a bicycle **ahead** of Chip?

*Tolong jangan duduk **di depan**ku.*
Don't sit in **front** of me, please.

*minggu **depan***
next week

*bulan **depan***
next month

deret row
Mereka duduk dalam satu ***deret****.*
They sat in a **row**.
☞ see **baris**

desa, pedesaan country, village
Nenek tinggal di ***pedesaan****.*
Grandma lives in the **country**.
Itu ***desa*** *pertanian.*
That is a farm **village**.
☞ see **kampung**

D

Desember December
Desember *sesudah November.*
December comes after November.

detektif detective

Donal ingin menjadi seorang ***detektif****.*
Donald wants to be a **detective**.

detik second
Aku akan kembali dalam waktu dua puluh ***detik****.*
I'll be back in twenty **seconds**.

di at, in, on
Mini ***di*** *depan pintu.*
Minnie is **at** the door.
Ibu ***di*** *dapur.*
Mother is **in** the kitchen.
Ia tinggal ***di*** *Jl. Sudirman.*
He lives **on** Jl. Sudirman.
☞ see **pada**

dia he, she

*Siapa **dia**?* - *Itu Didi.*
Who is **he**? - That's Didi.
*Dan siapa **dia**?* - *Itu Titi.*
And who is **she**? - That's Titi.

diam quiet, silent

Diam!
Quiet!
*Aku **diam** saja.*
I was just **silent**.
☞ see **tenang**

didih, mendidih boil

***Didihkan** susu itu sebelum kamu meminumnya.*
Boil the milk before you drink it.
*Susunya **mendidih**.*
The milk is **boiling**.

dinding wall

*Siapa yang bersembunyi di balik **dinding** itu?*
Who is hiding behind the **wall**?

dingin, kedinginan cold

*Hari ini **dingin**.*
It is **cold** today.
*Donal menggigil **kedinginan**.*
Donald is trembling from the **cold**.

dinosaurus dinosaur
__Dinosaurus__ adalah reptil.
A **dinosaur** is a reptile.

[1]diri (sendiri) self
*Aku melihat **diri**ku **sendiri** di cermin.*
I looked at my**self** in the mirror.

[2]diri, berdiri stand; **mendirikan** build
*Silakan **berdiri**.*
Please **stand** up.
*Mereka **berdiri** di atas kepala mereka.*
They are **standing** on their heads.
Mereka **mendirikan** rumah-rumahan pohon.
They **built** a tree house.
☞ see **[2]bangun**

doa prayer; **berdoa** pray
*Aku selalu **berdoa** pagi.*
I always say my morning **prayers**.
*Kwik, Kwek, dan Kwak selalu **berdoa** sebelum tidur.*
Huey, Dewey, and Louie always **pray** before going to bed.

dobel double
*Kami perlu tempat tidur **dobel** (untuk 2 orang).*
We need a **double** bed.

dokter doctor

*Apa yang sedang dilakukan **dokter**?*
What is the **doctor** doing?

dokter gigi dentist
*Pak Klaus adalah seorang **dokter gigi**.*
Mr. Klaus is a **dentist**.

dolar dollar
*Kamus ini harganya tiga puluh **dolar**.*
The dictionary costs thirty **dollars**.

domba sheep
*Donal punya banyak **domba**.*
Donald has a lot of **sheep**.

D

dompet purse
*Mini menyimpan uangnya di **dompet**.*
Minnie keeps her money in a **purse**.

dorong, mendorong push
Nenek tidak menarik kuda.
*Dia **mendorong**nya.*
Grandma is not pulling a horse.
She is **pushing** it.

dosin dozen
☞ see **losin**

drum drum

*Tabuhlah **drum** itu. Dan aku akan memainkan gitarku.*
Beat the **drum**. And I'll play my guitar.

dua two; **berdua** both; **kedua** second
*Ada **dua** mawar dalam gambar ini.*
There are **two** roses in this picture.
*Kita **berdua** suka mawar.*
Both of us like roses.
*Dia putra **kedua** Pak Otto.*
He is Mr. Otto's **second** son.

dua belas twelve

*Ada **dua belas** pohon.*
There are **twelve** trees.

dua kali twice
Aku menelepon ibuku ***dua kali*** *seminggu.*
I call my mother **twice** a week.

dua puluh twenty
Aku hanya punya ***dua puluh*** *ceri.*
I only have **twenty** cherries.

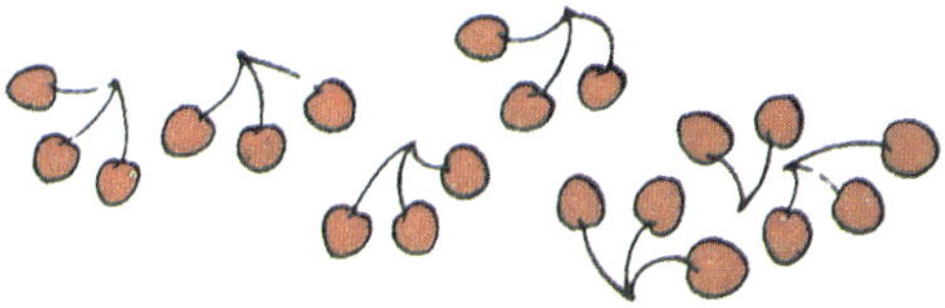

D

duduk sit

Maukah kamu ***duduk*** *di sebelahku?*
Would you **sit** beside me?
Apakah Miki ***duduk*** *di kursi?*
Is Mickey **sitting** on a chair?
- *Tidak.*
- No, he isn't.

dunia world
Melakukan perjalanan keliling ***dunia*** *itu menyenangkan.*
Travelling around the **world** is fun.
Perang ***Dunia*** *Kedua*
the Second **World** War

dusun village
☞ see **desa**; **kampung**

E

ekor **1** tail. **2** (classifier).

*Lihatlah **ekor** mereka yang panjang.*
Look at their long **tails**.
*Aku punya se**ekor** anjing.*
I have a dog.
*Dia punya dua **ekor** kucing.*
She has two cats.

elang eagle

***Elang** adalah burung yang besar dan kuat.*
An **eagle** is a large, strong bird.

emas gold

*Paman Gober menghitung uang logam **emas**nya.*
Uncle Scrooge is counting his **gold** coins.

ember pail, bucket

*se**ember** air*
a **pail** of water
*Miki membawa dua **ember** air.*
Mickey is carrying two **buckets** of water.

embun dew

embun *pagi*
the morning **dew**
Embun *menetes di rerumputan.*
The **dew** falls on the grass.

empat four; **perempat**, **keempat** fourth

empat *perenang*	*se**perempat***	*the **fourth** swimmer*
four swimmers	a (one) **fourth**	perenang **keempat**

empat belas fourteen

*Ada **empat belas** burung.*
There are **fourteen** birds.

empat puluh forty

*Aku membeli **empat puluh** butir jeruk.*
I bought **forty** oranges.

empuk soft

*Miki berbaring di sofa yang **empuk.***
Mickey is lying on a **soft** sofa.
☞ see **lembut**

enak delicious
*Buah ek ini **enak** sekali.*
This acorn is very **delicious**.
☞ see **lezat**

enam six
*Mereka mempunyai **enam** bantal.*
They have **six** pillows.

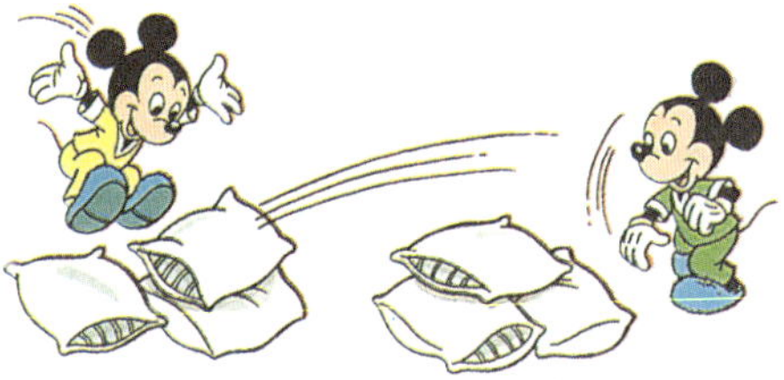

E

enam belas sixteen
*Ada **enam belas** jangkrik.*
There are **sixteen** crickets.

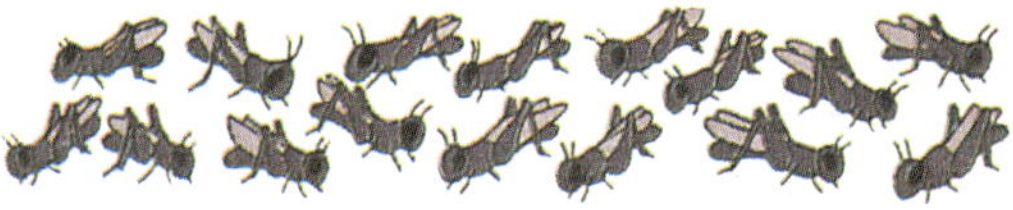

enam puluh sixty
*Ayah berumur **enam puluh** tahun.*
Father is **sixty** years old.

erat tight
*Kwik memegang kuda nil terlalu **erat**.*
Huey is holding a hippo too **tight**.
☞ see **kencang**; **rapat**

erti, mengerti understand
*Apakah kamu **mengerti** maksudku?*
Do you **understand** what I mean?
- *Tidak. Saya tidak **mengerti**.*
- No. I don't **understand**.

es ice
*Berseluncur di atas **es** itu menyenangkan.*
It is fun to skate on the **ice**.

es krim ice cream
*Itu horen **es krim**.*
That is an **ice cream** cone.

es batu ice cube
*Masukkan **es batu** ke dalam tehmu.*
Put **an ice cube** into your tea.

fakta fact

Polisi tahu semua ***fakta****nya.*

The police knew all the **facts**.

favorit favorite

Apa warna ***favorit****mu?*

What is your **favorite** color?

Topi ini ***favorit****ku.*

This hat is my **favorite**.

Februari February

Februari *sesudah Januari.*

February comes after January.

Hari Kasih Sayang jatuh pada tanggal 14 ***Februari****.*

Valentine's Day is on **February** 14.

film film

Aku membeli satu rol ***film****.*

I bought a roll of **film**.

Marilah kita menonton ***film****.*

Let's see a **film**.

flat apartment

*Dia tinggal di sebuah **flat** kecil.*
She lives in a small **apartment.**
***Flat**nya bersih.*
Her **apartment** is clean.
☞ see **apartemen**

flute flute

*Kwek dan Kwak bermain **flute**.*
Dewey and Louie are playing the **flute**.
*Donal membelikan mereka **flute**.*
Donald bought them the **flutes**.

foto photo(graph); **memfoto** take a photograph

*Mini memperlihatkan **foto**nya kepada Miki.*
Minnie is showing Mickey her **photo**.
*Dia **memfoto** bayi itu.*
She **took a photograph** of the baby.
☞ see **potret**

G g

gabung, bergabung join
*Aku ingin **bergabung** dengan Klub Penggemar Disney.*
I want to **join** the Disney Fan Club.

gadis girl
*Siapa **gadis** itu?*
Who is that **girl**?
- *Dia Alice.*
- She is Alice.

G

gaduh noise
☞ see **bising**

gagal fail
*Kwik, Kwek, dan Kwak **gagal** dalam ujian.*
Huey, Dewey, and Louie **failed** the exam.

gagas, gagasan idea
*Kamu punya **gagasan**?*
Do you have any **idea**?
☞ see **ide**

gajah elephant
***Gajah** punya belalai.*
An **elephant** has a trunk.

gali, menggali dig

*Jangan **menggali** lubang di jalan.*
Don't **dig** a hole in the road.

gambar picture; **menggambar** draw

*Gantungkan **gambar** ini di dinding.*
Please hang this **picture** on the wall.

*Dia **menggambar** apa?*
What is he **drawing**?

G

ganti, berganti change

*Dia **berganti** pakaian dua kali sehari.*
She **changes** clothes twice a day.

gantung, menggantungkan hang

***Gantungkan** rokmu, Mini.*
Hang up your dress, Minnie.

garam salt

*Aku memberi **garam** terlalu banyak ke dalam supku.*
I put too much **salt** in my soup.

garasi garage
*Mobil Desi ada di **garasi**.*
Daisy's car is in the **garage**.

garis line; **penggaris** ruler
*Gunakan **penggaris** untuk membuat **garis** lurus.*
Use a **ruler** to draw a straight **line.**
*Inilah **garis** akhirnya.*
Here is the finish **line**.

garpu fork

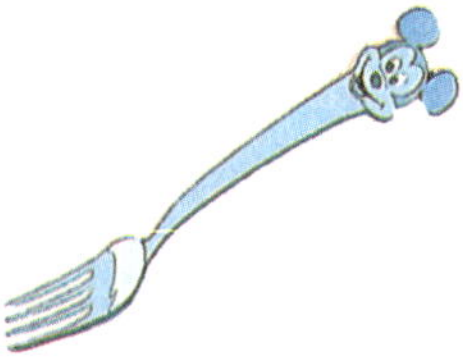

***Garpu** biru ini milik Miki.*
This blue **fork** is Mickey's.

G

garuk, menggaruk scratch
*Pluto sering **menggaruk-garuk** punggungnya.*
Pluto often **scratches** his back.

gaun, bergaun dress
***Gaun-gaun** siapa ini?*
Whose **dresses** are these?
*- Ini **gaun-gaun** Mini.*
- These are Minnie's **dresses**.
*Mini **bergaun** merah jambu.*
Minnie is **dressed** in pink.

gedung building
*Ada banyak **gedung** di Jakarta.*
There are many **buildings** in Jakarta.

gelap dark

*Kamar kami **gelap**. Hidupkan lampunya.*
Our room is **dark**. Please turn on the light.

gelas glass
*Aku minum se**gelas** susu setiap pagi.*
I drink a **glass** of milk every morning.

gelembung bubble
*Di mana-mana ada **gelembung**.*
Bubbles are everywhere.

geliat, menggeliat stretch
*Kucing itu menguap dan **menggeliat**.*
The cat is yawning and **stretching**.

gelincir, tergelincir slip

*Gufi **tergelincir** dan ia hampir jatuh.*
Goofy **slipped** and he nearly fell.

gelinding, menggelinding roll
*Bola itu **menggelinding** masuk got.*
The ball **rolled** into the ditch.

gelitik, menggelitik tickle
*Jangan **menggelitik**ku.*
Please don't **tickle** me.

G

gembira **1** happy, cheerful. **2** happily.

*Kami **gembira**.*
We are **happy**.
*Anak-anak selalu **gembira**.*
Children are always **cheerful**.
*Harimau ini tersenyum **gembira**.*
The tiger is smiling **happily**.
☞ see **senang**

gemuk fat
*Wanita **gemuk** itu tetanggaku.*
The **fat** lady is my neighbor.

genap even
*bilangan **genap***
even number

gerak badan exercise
*Mereka melakukan **gerak badan** setiap pagi.*
They do **exercises** every morning.
☞ see **senam**

gereja church
*Minggu kemarin aku tidak pergi ke **gereja**.*
Last Sunday I didn't go to **church**.

giat, kegiatan activity
☞ see **KEGIATAN SEHARI-HARI**

gigi tooth (teeth)

*Kamu harus gosok **gigi** setiap hari.*
You should brush your **teeth** every day.

G

gigit, menggigit bite
*Gufi **mengigit** sebuah apel.*
Goofy is **biting** into an apple.
*Anjingku tidak akan **menggigit**mu.*
My dog won't **bite** you.

gila crazy, insane
*Laki-laki itu **gila**.*
That man is **crazy**.
*Kamu **gila**.*
You are **insane**.

berpakaian
get dressed

makan pagi
eat breakfast

bangun tidur
get up

cuci muka
wash one's face

pergi ke sekolah
go to school

makan siang
eat lunch

belajar
learn

menggambar
draw a picture

pulang ke rumah
go back home

bermain bersama teman-teman
play with friends

nonton TV
watch TV

makan malam
eat dinner

tidur
go to sleep

gitar guitar

*Gufi bermain **gitar** dan bernyanyi.*
Goofy is playing the **guitar** and singing.

gonggong, menggonggong bark

*Pluto **menggonggong** sangat keras.*
Pluto is **barking** very loudly.

goyang, bergoyang sway, swing

*Pohon-pohon **bergoyang** ditiup angin.*
Trees **swayed** in the wind.
*Lampu itu **bergoyang** diterpa angin.*
The lamp **swung** in the wind.

gratis free
*Makanan ini **gratis**.*
This food is **free**.

grup group
*Ada lima orang dalam **grup**ku.*
There are five people in my **group**.
☞ see **kelompok**

gua cave
*Mereka di dalam sebuah **gua**.*
They are in a **cave**.

G

gudang **1** warehouse, storehouse. **2** barn. **3** shed. **4** silo.
*Kita menyimpan barang-barang kita di **gudang**.*
We stored our things in a **warehouse (storehouse)**.

*Simpanlah hasil pertanian di **gudang**.*
Please keep the crops in a **barn**.

*Simpanlah sekopmu di **gudang**.*
Please put your shovel in the **shed**.

*Nenek menyimpan makanan ternak di **gudang** selama musim dingin.*
Grandma kept the animal food in a **silo** during the winter.

gula sugar
*Nenek tidak suka **gula**.*
Grandma doesn't like **sugar**.

guling, berguling roll

*Kiki **berguling** di belakang Koko.*
Chip is **rolling** down after Dale.

gulung, menggulung roll, wind
*se**gulung** tisu*
a **roll** of tissue
*Dia **menggulung** lengan bajunya.*
He **rolled** up his sleeves.
*Kwik dapat **menggulung** benang itu dengan baik.*
Huey can **wind** the string well.

G

guna use; **berguna** useful; **menggunakan** use

*Komputer banyak **guna**nya.*
The computer has many **uses**.
*Payung **berguna** bila hari hujan.*
An umbrella is **useful** when it rains.
***Gunakan** pisau yang tajam untuk memotong daging.*
Use a sharp knife to cut meat.
☞ see **manfaat**

gunting scissors; **menggunting** cut

*Kiki dan Koko memegang sebuah **gunting** yang besar.*
Chip and Dale are holding a pair of large **scissors**.

*Dia **menggunting** selembar kertas.*
He is **cutting** a piece of paper.

guntur thunder

*Mereka takut akan **guntur** yang menggelegar.*
They are afraid of the roaring **thunder**.

G

gunung mountain

*Mereka pendaki **gunung**.*
They are **mountain** climbers.
*Hobiku berenang dan mendaki **gunung.***
My hobbies are swimming and **mountain** climbing.

gunung berapi volcano
Gunung berapi *itu meletus.*
The **volcano** erupted.

gurita octopus
Gurita *tidak suka kacang.*
An **octopus** doesn't like peanuts.

guru teacher; **perguruan tinggi** college

Ayahku seorang ***guru****.*
My father is a **teacher**.
Kakakku belajar di ***perguruan tinggi****.*
My brother goes to **college**.

habis (used up); **menghabiskan** spend; **kehabisan** run out of

*Waktu sudah **habis**. Kumpulkan pekerjaan kalian.*
Time is **up**. Submit your work.
*Dia **menghabiskan** sebagian besar waktunya di perpustakaan.*
He **spent** most of his time in the library.
*Kami **kehabisan** uang.*
We have **run out of** money.

hadiah gift, present, prize

*Pluto mendapat **hadiah** ulang tahun.*
Pluto got some birthday **gifts**.
*Tolong kirimkan **hadiah** Natal ini kepada Mini.*
Please send the Christmas **present** to Minnie.
*Dia memenangkan **hadiah** pertama?*
Did he win the first **prize**?
☞ see **kado**

hadir present

*Semua anggota **hadir** pada pertemuan itu.*
All members were **present** at the meeting.

H

hai hi

***Hai**, Miki.*

Hi, Mickey.

☞ see **hello**

[1]halaman page

*Gambar itu ada di **halaman** 10.*

The picture is on **page** 10.

[2]halaman yard

*Gufi memarkir mobil di **halaman**.*

Goofy parked the car in the **yard**.

*Pohon itu tumbuh di **halaman** belakang.*

The tree is growing in the back**yard**.

halo hello

***Halo**, teman-teman.*

Hello, friends.

halte (bus) bus stop

*Orang-orang menunggu bus di **halte** bus.*

People wait for a bus at the **bus stop**.

halus delicate, smooth, soft
*Desi mempunyai kulit yang **halus**.*
Daisy has a **delicate** skin.
*Belikan aku tisu yang **halus**.*
Buy me some **smooth** tissue, please.
*Mini senang duduk di sofanya yang **halus**.*
Minnie loves to sit on her **soft** sofa.

hamburger hamburger
*Dia makan **hamburger**.*
He is eating **hamburger**.

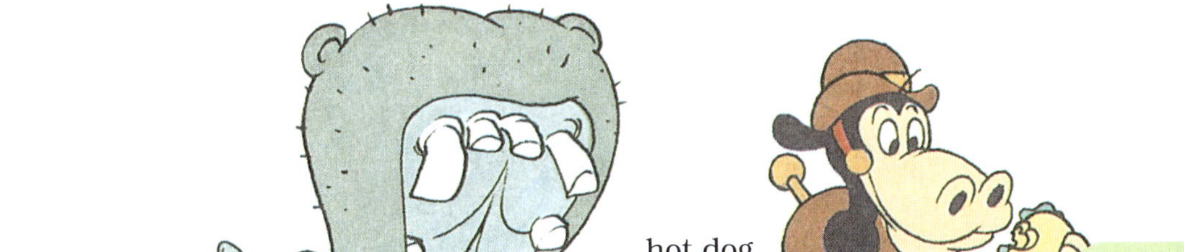

hampir almost
*Sekarang **hampir** jam sepuluh.*
It's **almost** ten o'clock.

handuk towel
*Mini mempunyai sebuah **handuk** mandi baru.*
Minnie has a new bath **towel**.

hangat, menghangatkan warm; **kehangatan** warmth
*Kalau cuaca **hangat,** aku akan bermain di luar.*
When the weather is **warm**, I'll play outside.
*Mereka **menghangatkan** diri di perapian.*
They **warmed** themselves by the fireplace.
*Mereka mendapatkan **kehangatan** dari api itu.*
They felt the **warmth** of the fire.

H

hanya only
***Hanya** orang gila yang akan melakukannya.*
Only an insane man would do it.
*Aku **hanya** punya sepeda.*
I **only** have a bike.

harap, berharap hope, expect, wish; **harapan** hope
*Aku **berharap** dapat mengunjungimu tahun depan.*
I **hope** to visit you next year.
*Aku **berharap** dia akan meneleponku.*
I **expect** him to call me.
*Aku **berharap** dia tidak ingkar janji.*
I **wish** that he would not break his promise.
*Apakah kamu punya **harapan**?*
Do you have any **hope**?

hardik, menghardik scold
*Nenek **menghardik** Agus karena dia malas.*
Grandma **scolded** Agus for being lazy.
☞ see **tegur**

harga, berharga **1** cost, price. **2** valuable.
*Buku ini **harga**nya Rp. 50.000,-*
This book **costs** Rp. 50.000,-
*Paman Gober membayar **harga** topi itu.*
Uncle Scrooge paid the **price** of the hat.
*Apakah itu batu yang **berharga**?*
Is that a **valuable** stone?
☞ see **nilai**

hari day; **sehari-hari, setiap hari** daily; **hari ini** today
hari** demi **hari
day by **day**
***Hari ini** hari Minggu.*
Today is Sunday.
*kegiatan **sehari-hari***
daily activities

Minggu	libur
Senin	upacara
Selasa	les bahasa Inggris
Rabu	les Matematika
Kamis	les piano
Jumat	pramuka
Sabtu	renang

H

hari ulang tahun birthday

*Hari ini **hari ulang tahun** siapa?*

Whose **birthday** is today?

*Hari ini hari **ulang tahun**ku.*

Today is my **birthday**.

sedotan straw

permen candy

limun lemonade

kue ulang tahun birthday cake

jus jeruk orange juice

permen loli lolipop

cokelat chocolate bar

H

harimau tiger

***Harimau** ini menari-nari.*

The **tiger** is dancing.

harus must

Kamu ***harus*** *membersihkan meja ini segera.*
You **must** clean this table soon.

hasil result; **berhasil** succeed
Apa ***hasil****nya?*
What is the **result**?
Kalau kamu malas, kamu tidak akan ***berhasil****.*
If you are lazy, you won't **succeed**.

[1]hati **1** liver. **2** heart.
Hati *termasuk salah satu organ dalam.*
The **liver** is one of the internal organs.
Hati*nya berdebar-debar ketika mendengar berita yang menyedihkan.*
His **heart** started beating very fast when he heard the sad news.

[2]hati, hati-hati, berhati-hati careful
Hati-hati *ya!*
Be **careful**, please!
Berhati-hati*lah bila kamu berjalan sendirian di malam hari.*
Be **careful** when you walk alone at night.

haus thirsty
Pluto ***haus****. Pluto ingin minum air.*
Pluto is **thirsty**. Pluto wants to drink water.

henti, berhenti stop
Jangan ***berhenti****!*
Don't **stop**!

hidung nose
***Hidung**mu kenapa?*
What's wrong with your **nose**?
*Ini **hidung**ku.*
This is my **nose**.

hidup **1** alive. **2** life. **3** live;
kehidupan life
*Adalah keajaiban bahwa aku masih **hidup**.*
It's a miracle that I'm still **alive**.
***Hidup**nya dalam bahaya.*
Her **life** is in danger.
*Mereka **hidup** dengan damai.*
They **live** peacefully.
*Tidak ada **kehidupan** di bulan.*
There is no **life** on the moon.

hijau green
*Kapten Hook takut akan buaya **hijau**.*
Captain Hook is afraid of the **green** crocodile.

H

hilang, kehilangan lose; **menghilang** disappear

*Dia **kehilangan** orangtuanya.*
She **lost** her parents.
*Apa yang telah **menghilang**?*
What has **disappeared**?

hingga until
*Dia bekerja **hingga** pukul 10 malam.*
He worked **until** 10 p.m.
☞ see **sampai**

hitam black
Aku melihat seekor burung ***hitam****.*
I saw a **black** bird.
Klarabela memakai topi ***hitam****.*
Clarabelle is wearing a **black** hat.

hitung, menghitung count

Hitung*lah kelerengmu.*
Count your marbles.
Paman Gober ***menghitung*** *uangnya setiap hari.*
Uncle Scrooge **counts** his money every day.

hobi hobby
Hobi*ku berenang.*
My **hobby** is swimming.

hotel hotel
Desi menginap di sebuah ***hotel****.*
Daisy stayed at a **hotel**.

hujan rain; **penghujan** rainy

Hari akan ***hujan****.*
It's going to **rain**.
Mereka berjalan di bawah guyuran ***hujan****.*
They are walking in the **rain**.
musim ***penghujan***
rainy season

huruf letter
Ada 26 ***huruf*** *dalam abjad bahasa Indonesia.*
There are 26 **letters** in the Indonesian alphabet.

hutan forest, woods
Monyet hidup di ***hutan****.*
Monkeys live in the **forest**.
Robin Hood tinggal di ***hutan****.*
Robin Hood lived in the **woods**.

HUTAN RIMBA
JUNGLE

Ada banyak jenis binatang di ***hutan rimba***.
There are many kinds of animals in the **jungle**.

monyet
monkey
gajah
elephant
harimau
tiger
H
orangutan
orangutan
ular
snake

ibu **1** mother. **2** Mrs. **3** lady.
***Ibu**ku cantik sekali.*
My **mother** is very pretty.
*Orang-orang memanggilnya **Ibu** Surya.*
People call her **Mrs**. Surya.
***Ibu-ibu** dan Bapak-bapak, silakan duduk.*
Ladies and Gentlemen, please take a seat.
☞ see **nyonya**

I

ibu jari thumb
***Ibu jari** kananku berdarah.*
My right **thumb** is bleeding.

ibu kota capital
*Jakarta adalah **ibu kota** Indonesia.*
Jakarta is the **capital** of Indonesia.

ide idea
*Aku punya **ide** yang bagus.*
I have a good **idea.**

ikan fish

*Donal akan menggoreng **ikan**.*
Donald is going to fry **fish**.

ikan paus whale

***Ikan paus** adalah binatang mamalia.*
Whales are mammals.

ikat, mengikat tie
Ikatlah *ekor kudamu dengan pita merah.*
Tie a red bow on your ponytail.
Dia ***mengikat*** *tanganku.*
He **tied** my hands.

ikut, mengikuti follow
Ikut*lah aku.*
Follow me.
Kita harus ***mengikuti*** *petunjuk itu.*
We should **follow** the instructions.

inap, menginap stay
Boleh aku ***menginap*** *di sini?*
May I **stay** the night here?
Kami ***menginap*** *3 malam di hotel itu.*
We **stayed** three nights at the hotel.

indah lovely
Paman Gober punya rumah yang ***indah****.*
Uncle Scrooge has a **lovely** house.

Indonesia **1** Indonesia (country). **2** Indonesian (of Indonesia).
Indonesia *adalah negara tropis.*
Indonesia is a tropical country.
bahasa ***Indonesia***
the **Indonesian** language
bangsa ***Indonesia***
the **Indonesian** people/nation
Aku orang ***Indonesia.***
I am **Indonesian.**
Miki ke ***Indonesia*** *tahun lalu.*
Mickey went to **Indonesia** last year.

ingat, mengingat remember
Aku tidak ***ingat*** *dia.*
I don't **remember** him.
Dia ***mengingat*** *namaku dengan baik.*
She **remembers** my name well.

I

Inggris **1** England (country). **2** English (of England).

London adalah ibu kota ***Inggris****.*
London is the capital of **England**.
bahasa ***Inggris***
the **English** language
bangsa ***Inggris***
the **English** people/nation
Dia orang ***Inggris****.*
He is **English**.
Apakah kamu dapat berbahasa ***Inggris****?*
Do you speak **English**?

ingin want; **keinginan** wish

Aku ***ingin*** *bicara dengan Mini. Dia ada?*
I **want** to speak to Minnie. Is she there?

Pluto membayangkan ***keinginan****nya.*
Pluto is making a **wish.**

I

ini this (these)

__Ini__ kamusku.
This is my dictionary.

__Ini__ buku-bukuku.
These are my books.

isi content; **mengisi** fill

Apa __isi__ kotak itu?
What are the **contents** of the box?
__Isilah__ embermu dengan air, Gufi.
Fill your bucket with water, Goofy.

istana castle, palace

Siapa yang ada di dalam __istana__ itu?
Who is in the **castle**?
__Istana__ Negara
the State **Palace**

istimewa special

Pesulap itu memberi Miki sebuah topi __istimewa__.
The magician gave Mickey a **special** hat.

☞ see **khusus**

I

istirahat, beristirahat rest

Kita perlu __istirahat__.
We need a **rest**.
Kami punya waktu 1 jam untuk __beristirahat__.
We have an hour to **rest**.

istri wife

***Istri**nya cantik dan pintar.*
His **wife** is pretty and smart.

Italia **1** Italy (country). **2** Italian (of Italy).

*John tinggal di **Italia**.*
John lives in **Italy**.
*Dia berbahasa **Italia**.*
He speaks **Italian**.

*bangsa **Italia***
the **Italian** people/nation
*Dia orang **Italia**.*
She is **Italian**.

itik duck

***Itik** dapat berenang*
Ducks can swim.
☞ see **bebek**

itu that (those)

*Apakah **itu**?*
What is **that**?
*- **Itu** seekor tupai.*
- **That** is a squirrel.
*Masukkan mainan-mainan **itu** ke dalam kotak, Kwik.*
Put **those** toys in the box, Huey.

izin permission; **mengizinkan** allow, let

*Tanpa **izin** Anda, saya tidak akan pergi ke Disneyland.*
Without your **permission**, I won't go to Disneyland.
*Ayah **mengizinkan**ku mengendarai sepeda motornya.*
Father **allowed** me to ride his motorcycle.
***Izinkan** aku membantumu.*
Let me help you.
☞ see **boleh**

jabat tangan, berjabat tangan shake hands

*Mini memperkenalkan diri pada Titi, lalu mereka saling **berjabat tangan**.*

Minnie introduced herself to Titi, and then they **shook hands**.

jadi, menjadi become; **terjadi** happen

*Dia **menjadi** presiden.*

He **became** president.

*Kapan kecelakaan itu **terjadi**?*

When did the accident **happen**?

J

jaga, menjaga look after, take care; **terjaga** awake

*Dia **menjaga** adiknya.*

She **looked after** her little sister.

***Jagalah** dirimu.*

Take care of yourself.

*Donal **terjaga** di tengah malam.*

Donald is **awake** at midnight.

☞ see **bangun**, **terbangun**

jagung corn
*Mereka makan **jagung** bakar.*
They ate roasted **corn**.

jahit, menjahit sew

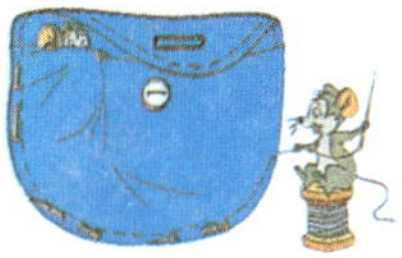

*Dia **menjahit** saku bajuku.*
She is **sewing** my shirt pocket.

jaket jacket
***Jaket** merah itu milikku.*
The red **jacket** is mine.

jalan road, street, way; **berjalan(-jalan)** walk, take a walk; **perjalanan** journey, trip
*Ikutilah **jalan** ini, kamu akan sampai ke kota.*
Follow this **road**, and you will get to town.

*Jangan bermain di **jalan**.*
Don't play in the **street**.
*Tolong tunjukkan padaku **jalan** ke kantor pos.*
Please show me the **way** to the post office.

Mereka ***berjalan*** *melintasi lapangan.*
They **walked** across the field.
Miki mengajak Mini ***berjalan-jalan****.*
Mickey asks Minnie to **take a walk**.

Mereka melakukan ***perjalanan*** *jauh.*
They are going on a long **journey**.

Gufi dan Miki melakukan ***perjalanan*** *ke hutan.*
Goofy and Mickey took a **trip** to the jungle.

J

jam **1** clock. **2** hour. **3** time.

Donal punya tiga ***jam*** *beker.*
Donald has three alarm **clocks**.
Kami bekerja selama 7 ***jam.***
We worked for 7 **hours**.

***Jam** berapa sekarang?*
What **time** is it?

pukul dua belas
twelve o'clock

enam empat puluh
six forty

tiga lewat lima
five past three

pukul dua tepat
two o'clock sharp

setengah tujuh
half past six

delapan tiga puluh lima
eight thirty-five

sebelas dua puluh
eleven twenty

empat dua puluh lima
four twenty-five

sebelas kurang seperempat
a quarter to eleven

jam tangan watch
*Aku kehilangan **jam tangan**.*
I lost my **watch**.
*Donal punya **jam tangan** baru.*
Donald has a new **watch**.

janji, berjanji promise
*Dia ingkar **janji**.*
He broke his **promise**.
***Berjanji**lah padaku kau akan kembali.*
Promise me that you will come back.

jantung heart
*Ayahnya mendapat serangan **jantung** tadi malam.*
His father got a **heart** attack last night.

Januari January
*Gadis itu menikah tanggal 1 **Januari**.*
The girl was married on the first of **January**.

jari finger
*Ada lima **jari** di setiap tangan.*
There are five **fingers** on each hand.
*Ini **jari** telunjukku.*
This is my index **finger**.

jari kaki toe

*Kwak menginjak **jari kaki** seekor kanguru.*
Louie is stepping on a kangaroo's **toes**.

jas mandi bathrobe
__Jas mandi__ Donal berwarna kuning.
Donald's **bathrobe** is yellow.

jatuh fall; **menjatuhkan** drop
Gufi kehilangan keseimbangan dan __jatuh__ ke tanah.
Goofy lost his balance and he **fell** on the ground.

Desi marah karena Gufi __menjatuhkan__ telur di lantai.
Daisy is angry because Goofy **dropped** an egg on the floor.

jauh far; **menjauh** go away
Kota itu __jauh__ dari sini.
The town is **far** from here.
***Menjauhlah**!*
Go away!

jawab, menjawab, jawaban answer

*Gufi **menjawab** telepon.*
Goofy **answered** the phone.
*Itu **jawaban** yang benar.*
That is the right **answer**.

jejak kaki footprint

*Ada **jejak-jejak kaki** di lantai.*
There are **footprints** on the floor.

jelas clear; **menjelaskan** explain

*Dia berbicara dengan keras dan **jelas**.*
She speaks loud and **clear**.
*Maukah kamu **menjelaskan**nya sekali lagi?*
Would you **explain** it once again, please?
☞ see **terang**, **menerangkan**

J

jelek bad

*Kondisi mobil itu **jelek** sekali. Jangan dibeli.*
That car is in a very **bad** condition. Don't buy it.

jembatan bridge

***Jembatan** itu terbuat dari besi.*
The **bridge** is made of iron.

jenaka funny

*Badut-badut ini sangat **jenaka**.*
These clowns are very **funny**.
☞ see **lucu**

jendela window

*Jangan mengintip lewat **jendela**, Pluto.*
Don't peek through the **window**, Pluto.

jenis kind
*Ada banyak **jenis** kucing.*
There are many **kinds** of cats.

Jepang **1** Japan (country). **2** Japanese (of Japan).
*Mesin itu buatan **Jepang**.*
The machine is made in **Japan**.
*bangsa **Jepang***
the **Japanese** people/nation
*bahasa **Jepang***
the **Japanese** language

jerapah giraffe
*Apakah **jerapah** punya ekor?*
Does a **giraffe** have a tail?

Jerman 1 Germany (country). 2 German (of Germany)
*Mereka pergi ke **Jerman**.*
They went to **Germany**.
*bahasa **Jerman***
the **German** language
*bangsa **Jerman***
the **German** people/nation
*Tuan Hitler orang **Jerman**.*
Mr. Hitler is **German**.

jeruk orange
***Jeruk-jeruk** itu berwarna merah.*
The **oranges** are red.

jeruk lemon lemon

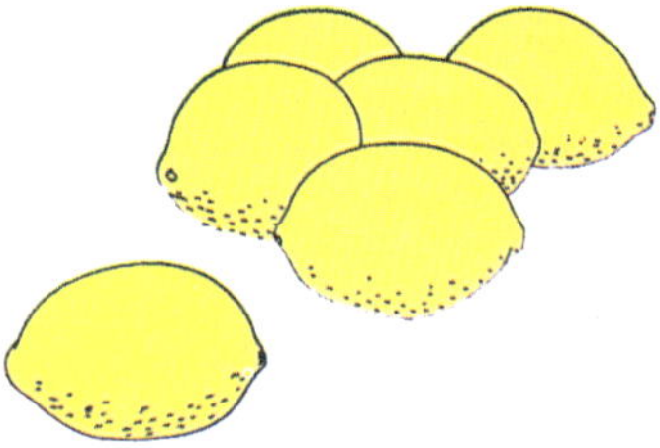

***Jeruk lemon** rasanya asam atau manis?*
Do **lemons** have a sour taste or sweet taste?

jika if, when
***Jika** aku punya uang, aku akan membeli buku cerita itu.*
If I have some money, I will buy the story book.
***Jika** kamu sudah tua, kamu akan memerlukan kacamata.*
When you are old, you will need eye-glasses.
☞ see **kalau**

J

jilat, menjilati lick
*Gufi **menjilati** es krim.*
Goofy is **licking** the ice cream.

jins jeans

*Dia memakai **jins** birunya.*
He is putting on his blue **jeans**.

jual, menjual sell

Nenek mendapat banyak uang dari ***menjual*** *apel.*

Grandma gets a lot of money from **selling** apples.

jubah robe

Ratu memakai ***jubah*** *yang indah.*

The Queen is wearing a beautiful **robe.**

juga also, too

Kamu capek. Aku ***juga*** *capek.*

You are tired. I am **also** tired.

Kiki memakai kacamata. Koko ***juga*** *memakai kacamata.*

Chip is wearing glasses. Dale is wearing glasses, **too.**

jujur honest

Kamu harus ***jujur****.*

You have to be **honest**.

Juli July

Juli *adalah bulan ketujuh.*

July is the seventh month of the year.

Jumat Friday

Desi kursus bahasa Indonesia setiap hari ***Jumat****.*

Daisy has an Indonesian lesson every **Friday**.

J

jumlah total; **menjumlahkan** add up
__Jumlah__ skornya sepuluh.
His **total** skor is ten.
Miki __menjumlahkan__ apelnya.
Mickey **added up** his apples.
☞ see **hitung**

Juni June
__Juni__ sebelum Juli.
June comes before July.

jus juice
Dia minum segelas __jus__ tomat setiap hari.
She drinks a glass of tomato **juice** every day.

juta million
Paman Gober punya uang satu __juta__ dolar di sakunya.
Uncle Scrooge has one **million** dollars in his pocket.

jutawan millionaire
Paman Gober seorang __jutawan.__
Uncle Scrooge is a **millionaire.**
__Jutawan__ mempunyai banyak uang.
A millionaire has a lot of money.

kabar news

Apakah ada ***kabar*** *dari Desi?*

Is there any **news** from Daisy?

☞ see **berita**

kabut fog; **berkabut** foggy

Kami tidak pernah mengalami ***kabut*** *di sini.*

We never have **fogs** around here.

Cuaca di lembah itu selalu ***berkabut****.*

It's always **foggy** in the valley.

kaca glass

Miki mencopot ***kaca*** *jendela.*

Mickey is taking off the window **glass**.

Kaca *jendela itu pecah.*

The window **glass** is broken.

kacamata glasses

Kacamata *Miki biru dan* ***kacamata*** *Mini merah.*

Mickey's **glasses** are blue and Minnie's **glasses** are red.

kacang peanut

*Kiki dan Koko makan **kacang**.*
Chip and Dale are eating **peanuts**.
*Mereka mempunyai banyak **kacang**.*
They have a lot of **peanuts**.

kadang, kadang-kadang sometimes

***Kadang-kadang** kami pergi ke pantai.*
Sometimes we go to the beach.
***Kadang-kadang** ibu membelikan aku permen.*
Sometimes mother buys me candies.

kado gift, present

*Donal membeli **kado** Natal untuk teman-temannya.*
Donald bought Christmas **gifts** for his friends.
*Pluto mendapat **kado** ulang tahun.*
Pluto got birthday **presents**.

K

kait, kaitan hook

*Gantungkan topimu pada **kaitan**, Miki.*
Hang your hat on the **hook**, Mickey.
*Hanya ada satu **kaitan** di dinding.*
There is only one **hook** on the wall.

kakek grandfather (grandpa)
***Kakek**ku berumur 81 tahun.*
My **grandfather** is 81 years old.
***Kakek**ku gemuk.*
My **grandpa** is fat.

kaki foot, leg
***Kaki** kananku cedera.*
My right **foot** is hurt.
***Kaki**nya kotor.*
His **feet** are dirty.

*Beberapa burung punya **kaki** panjang.*
Some birds have long **legs**.

kalah lose; **mengalahkan** defeat
*Bagaimana tim mereka, menang atau **kalah**?*
How is their team, will they win or **lose**?
*Tim lawan telah **mengalahkan** tim mereka.*
The opponent team has **defeated** their team.

kalau if, when
***Kalau** aku punya uang, akan kubelikan kamu buku.*
If I have some money, I will buy you a book.
***Kalau** kamu pergi ke toko itu, belikan aku buku gambar.*
When you go to that shop, please buy me a drawing book.

K

kalender calendar
Lihatlah ***kalender*** *ini, anak-anak.*
Look at the **calendar**, children.
Desi menunjuk ke ***kalender****.*
Daisy is pointing at the **calendar**.

kaleng can
Dia minum dua ***kaleng*** *bir.*
He drank two **cans** of beer.

kali, sekali once
Luki pergi ke luar negeri setahun ***sekali****.*
Luki goes abroad **once** a year.
Mereka makan siang di restoran itu sebulan ***sekali****.*
They have lunch at that restaurant **once** a month.

kalung necklace; **kalung anjing** collar

Ibu mempunyai ***kalung*** *emas.*
Mother has a gold **necklace.**
Donal memberi Pluto ***kalung anjing****.*
Donald gave Pluto a **collar**.
Pluto menyukai ***kalung anjing****nya.*
Pluto loves his **collar**.

K

kamar room

Ini ***kamar****ku.*
This is my **room**.
Kamar*ku ada di lantai dua.*
My **room** is on the second floor.

kamar mandi bathroom
*Ini **kamar mandi** Donal.*
This is Donald's **bathroom**.

K

kamar tidur bedroom
*Donal masih berada di **kamar tidur**nya pada jam 7 pagi.*
Donald is still in his **bedroom** at 7 a.m.

K

kambing goat
*Agus punya lima ekor **kambing**.*
Gus has five **goats**.

kami we
***Kami** mengangkat tangan kami ke atas.*
We held up our hands.

Kamis Thursday

*Dia berangkat ke Bandung hari **Kamis**.*
He left for Bandung on **Thursday**.
*Rapat itu akan diadakan pada hari **Kamis**.*
The meeting will be held on **Thursday**.

kampung village

*Nenek tinggal di **kampung**.*
Grandma lives in the **village**.

kamu you

***Kamu** Mini.* - ***Kamu** Miki.*
You are Minnie. - **You** are Mickey.
*Bolehkah aku memanggil **kamu** "Mien"?*
May I call **you** "Mien"?

kamus dictionary

***kamus** Indonesia-Inggris*
an Indonesian-English **dictionary**
***Kamus** ini banyak gambarnya.*
This **dictionary** has many pictures in it.

Kanada 1 Canada (country). 2 Canadian (of Canada).

*Dia lahir di **Kanada.***
She was born in **Canada.**
*Dia bukan orang **Kanada.***
She is not **Canadian.**

K

kanan right

*Jangan belok (ke) **kanan**.*
Lurus saja.
Don't turn (to the) **right**.
Just go straight ahead.

kancing button
Kancing *blusku ada lima.*
There are five **buttons** on my blouse.

kandang cage
Singa di ***kandang*** *itu mengaum.*
The lion in the **cage** is roaring.
Jangan terlalu dekat dengan ***kandang*** *singa.*
Don't be too close to the lion's **cage**.

kangen miss
Mereka ***kangen*** *kepada Nenek.*
They **miss** Grandma.

kanguru kangaroo
Kanguru *punya kantong kulit di perutnya.*
Kangaroos have a pocket of skin on their stomachs.
Kanguru-kanguru *ini sedang makan daun.*
These **kangaroos** are eating leaves.

kantong kertas paper bag

__Kantong kertas__ itu berwarna cokelat.
The **paper bag** is brown.
__Kantong kertas__ itu tampaknya terlalu berat untuk Donal.
The **paper bag** seems too heavy for Donald (to carry).

kantor office

Maukah kamu ke __kantor__ku besok pagi?
Would you come to my **office** tomorrow morning?
Ayah pergi ke __kantor__ setiap hari.
Father goes to the **office** every day.

kantor pos post office

Nenek memintaku ke __kantor pos__ untuk mengeposkan surat-surat.
Grandma asked me to go to the **post office** to mail letters.
Donal bekerja di __kantor pos__.
Donald worked in the **post office**.

kantuk, mengantuk sleepy

Agus selalu __mengantuk__.
Gus is always **sleepy**.
Mereka bertiga __mengantuk__.
The three of them are **sleepy**.

K

kapal ship

*Paman Gober sering bepergian dengan **kapal**.*
Uncle Scrooge often travels by **ship**.
***Kapal** itu besar.*
The **ship** is big.

kapan when

***Kapan** kamu mengerjakan pekerjaan rumahmu?*
When did you do your homework?

kapten captain

***Kapten** Hook mempunyai sebilah pedang panjang.*
Captain Hook has a long sword.
***Kapten** Hook melihat sesuatu.*
Captain Hook is looking at something.

K

kapur tulis chalk

*Ibu memberiku sebatang **kapur tulis**.*
Mother gave me a piece of **chalk**.

karaf pitcher

*Nenek membeli sebuah **karaf** untuk Desi.*
Grandma bought a **pitcher** for Daisy.
***Karaf** itu dibuat dari tanah liat.*
The **pitcher** is made of clay.

karcis ticket

*Mereka membeli tiga **karcis**.*
They are buying three **tickets**.

karena because

*Miki sangat marah **karena** seseorang mencuri kacangnya.*
Mickey is very angry **because** someone stole his peanuts.

karpet carpet

*Agus menggelar **karpet** merahnya.*
Gus rolled out his red **carpet**.

kartu card

*Mereka membuat **kartu-kartu** Natal yang indah.*
They made lovely Christmas **cards**.

karya seni art

***Karya-karya seni** yang indah ini koleksi Paman Gober.*
These fine pieces of **art** are Uncle Scrooge's collection.

kastil castle

***Kastil** itu indah sekali.*
The **castle** is very beautiful.
*Raja tinggal di **kastil**.*
The King lives in the **castle**.

kasur mattress
*Aku tidur di atas **kasur**.*
I sleep on a **mattress**.

kata word; **berkata, mengatakan** say
*Dengarkan **kata-kata**nya.*
Listen to his **words**.
*Toni **berkata**, "Bacalah buku ini."*
Toni **said**, "Please read this book."
*Dia tidak **mengatakan** apa-apa.*
She didn't **say** anything.

K

katak frog
*Maukah kamu mencium **katak** hijau ini?*
Would you kiss this green **frog**?

kaus T-shirt
*Aku memakai **kaus** putih kemarin.*
I wore a white **T-shirt** yesterday.

kaus kaki sock
Wini mempunyai sepasang ***kaus kaki****.*
Winnie has a pair of **socks**.

kawan friend
Kamu ***kawan****ku.*
You are my **friend**.

kaya rich
Paman Gober sangat ***kaya****. Rumahnya besar.*
Uncle Scrooge is very **rich**. His house is big.

kayu wood
Lemari itu terbuat dari ***kayu****.*
The cupboard is made of **wood**.
Kamu dapat membuat perabot rumah dari ***kayu****.*
You can make furniture from **wood**.

ke to
Para tamu berjalan ***ke*** *pintu depan.*
The guests walked **to** the front door.
Mereka pergi ***ke*** *Cirebon.*
They went **to** Cirebon.

K

kebun garden; **perkebunan** plantation

*Mereka berada di **kebun**.*
They are in the **garden**.
*Ayah bekerja di **perkebunan** tebu.*
Father works at a sugar **plantation.**

K

kebun binatang zoo
Kami pergi ke ***kebun binatang****.*
We are going to the **zoo**.

K

kecil small, little; **kecil sekali** tiny

Gufi duduk di kursi ***kecil*** *Mini.*
Goofy is sitting on Minnie's small **chair**.

Kiki dan Koko tinggal di sebuah rumah ***kecil***.
Chip and Dale live in a **little** house.
Laki-laki ini ***kecil sekali***.
This man is so **tiny**.

kecuali except

Semua pergi jalan-jalan, ***kecuali*** *Paman Gober.*
Everyone is going for a walk **except** Uncle Scrooge.

K

kecuali kalau unless

Aku akan pergi ke rumah sakit ***kecuali kalau*** *hujan.*

I will go to the hospital **unless** it rains.

keju cheese

Tikus ini suka ***keju****.*

The mouse likes **cheese**.

kejut, kejutan, terkejut surprise

Donal memberi ***kejutan*** *untuk Desi.*

Donald gave a **surprise** for Daisy.

Desi ***terkejut*** *mendapat bunga dari Donal.*

Daisy was **surprised** to get flowers from Donald.

kelahi, berkelahi fight

Jangan ***berkelahi****.*

Don't **fight**, please.

kelak in the future

Dia ingin menjadi balerina ***kelak****.*

She wants to be a ballerina **in the future**.

K

kelas **1** class. **2** classroom. **3** grade.
Ada berapa siswa di ***kelas****mu?*
How many students are there in your **class**?
Mereka belajar di ***kelas****.*
They are studying in the **classroom**.
Titi duduk di ***kelas*** *dua.*
Titi is in the second **grade**.

keledai donkey
Itu ***keledai*** *atau kuda?*
Is that a **donkey** or a horse?

K

kelereng marble
*Anak-anak itu sedang bermain **kelereng**.*
The children are playing **marbles**.

keliling, mengelilingi around

*Marco Polo mengadakan perjalanan **keliling** dunia.*
Marco Polo traveled **around** the world.
*Siapa yang berlari **mengelilingi** topi itu?*
Who is running **around** the hat?

kelinci rabbit
***Kelinci** ini tampaknya ramah.*
The **rabbit** seems to be friendly.

K

kelompok group
***Kelompok** kerjaku beranggotakan lima orang.*
My working **group** has five members.

keluar **1** exit. **2** go out.
*Lihat papan itu! Di situ tertulis "**Keluar**".*
Look at the board! It says "**Exit**".
*Aku akan **keluar**.*
I will **go out**.

keluarga family
*Ini foto-foto **keluarga**ku.*
These are my **family** photos.

nenek Ann
Ann's grandmother

ayah Philip
Philip's father

anak laki-laki Michael
Michael's son

paman Ann
Ann's uncle

kakek Ann
Ann's grandfather

bibi Ann
Ann's aunt

ibu Mark
Mark's mother

anak perempuan Michael
Michael's daughter

saudara laki-laki dan perempuan
brother and sister

sepupu Ann
Ann's cousin

kemah tent; **berkemah** camp

Mereka tidur di dalam ***kemah****.*

They are sleeping in a **tent**.

Mereka ***berkemah*** *di pantai.*

They **camped** on the beach.

☞ see **kemping**; **tenda**

kemari come here

Maukah kamu ***kemari****?*

Will you **come here**?

kemarin yesterday

Dia berangkat ke Bandung ***kemarin*** *pagi.*

She left for Bandung **yesterday** morning.

kembali, mengembalikan return

Kapan kamu akan ***kembali****?*

When will you **return**?

Tolong ***kembalikan*** *buku-buku ini ke perpustakaan.*

Please **return** these books to the library.

kembar (dua) twin

Dia melahirkan bayi ***kembar****.*

She gave birth to **twins**.

Dia saudara ***kembar****ku.*

He is my **twin** brother.

K

kemeja shirt
*Didi mempunyai **kemeja** kuning.*
Didi has a yellow **shirt**.

kemping, berkemping camp, go camping
*Mereka **kemping** di taman nasional.*
They **camped** in the national park.
*Gufi dan Miki pergi **berkemping** setiap tahun.*
Goofy and Mickey **go camping** every year.

kemudi, mengemudi(kan) drive;
pengemudi driver
*Desi **mengemudikan** mobil birunya kemarin.*
Daisy **drove** her blue car yesterday.
*Desi **pengemudi** yang baik.*
Daisy is a good **driver**.

kena, mengenai about; **mengenakan** wear, put on
*Dia bicara **mengenai** guru baru itu.*
She talked **about** the new teacher.
☞ see **tentang**
*Pesulap itu **mengenakan** jubah hitam panjang.*
The magician **wore** a long black robe.
*Mereka **mengenakan** sepatu boot sebelum bermain di luar.*
They are **putting on** their boots before playing outside.

K

kenal know; **memperkenalkan** introduce; **terkenal** famous

*Kamu **kenal** dia?*
Do you **know** him?
*Miki **memperkenalkan** Mini kepada Titi.*
Mickey **introduced** Minnie to Titi.
*Dia penyanyi **terkenal**.*
She is a **famous** singer.

kencang **1** fast. **2** tight.

*Kuda lari **kencang**, tetapi kelinci lari lebih kencang lagi.*
The horse ran **fast**, but the rabbit ran faster.
*Kwak membuat simpul yang **kencang** pada seutas tali.*
Louie tied a **tight** knot in a rope.

K

kendara, mengendarai ride

*Klarabela **mengendarai** sepeda barunya.*
Clarabelle is **riding** her new bicycle.

kening forehead

*Dia punya tanda lahir di **kening**nya.*
She has a birthmark on her **forehead**.

kenop pintu doorknob
*Siapa yang memutar **kenop pintu**ku?*
Who is turning my **doorknob**?

kentang potato
*Nenek suka **kentang**. Dia memasak **kentang** setiap hari.*
Grandma loves **potatoes**. She cooks **potatoes** every day.

kepada to
*Dia memberikan sebuah buku cerita **kepada** Desi.*
She gave a story book **to** Daisy.

K

kepala head
*Ini **kepala**ku.*
This is my **head**.

kepik ladybug
***Kepik** punya sayap dan bisa terbang.*
Ladybugs have wings and can fly.

kepiting crab
Kwak dan ***kepiting-kepiting*** *sedang mengobrol.*
Louie and the **crabs** are chatting.

keponakan 1 nephew. 2 niece.
Kakakku punya dua anak, Anto dan Ani.
Anto ***keponakan****ku. Ani* ***keponakan****ku.*
My brother has two children, Anto and Ani.
Anto is my **nephew**. Ani is my **niece**.

kerah collar
*Dia memakai baju ber****kerah*** *putih.*
He wore a shirt with a white **collar**.

keranjang basket
*Nenek memberiku se****keranjang*** *apel merah.*
Grandmother gave me a **basket** of red apples.

keras 1 hard. 2 loud.

Lantai ini ***keras****.*
This floor is **hard**.
Tolong kecilkan. Itu terlalu ***keras*** *untukku.*
Please turn it down. It is too **loud** for me.

kereta api train
Mari kita pergi ke Solo naik ***kereta api****.*
Let's go to Solo by **train**.

kereta api bawah tanah subway
Di Indonesia tidak ada ***kereta api bawah tanah****.*
There is no **subway** in Indonesia.

kering, mengeringkan dry

Apakah tangan Dopei ***kering****?*
Are Dopey's hands **dry**?
Keringkan *tanganmu yang basah itu.*
Dry your wet hands.

kerja, bekerja work; **mengerjakan** do; **pekerja** worker; **pekerjaan** job, work
Dia ***bekerja*** *di perpustakaan.*
She **works** in a library.
Maukah kamu ***mengerjakan****nya sendiri?*
Will you **do** it yourself?

Mereka ***pekerja*** *keras.*
They are hard **workers**.
Apa ***pekerjaan****mu?*
What is your **job**?
Selesaikan ***pekerjaan*** *rumahmu.*
Finish your home**work**.
☞ see **PEKERJAAN**

K

PEKERJAAN JOB

nelayan
fisherman

pilot
pilot

koki
cook

pemain tenis
tennis player

K

badut
clown

dokter
doctor

perawat
nurse

guru
teacher

tukang pos
mail carrier

sopir bus
bus driver

tukang roti
baker

petugas pemadam kebakaran
fire fighter

polisi
police officer

apoteker
pharmacist

kertas paper

*Mereka mengambil sehelai **kertas**.*
They are taking a sheet of **paper**.

kerumun, kerumunan crowd
*Ada **kerumunan** orang di halte bus.*
There is a **crowd** of people at the bus stop.

keset mat
*Aku menaruh **keset** di depan pintu.*
I put a **mat** in front of the door.

ketika when

***Ketika** aku datang, dia sedang tidur.*
When I came, he was sleeping.

K

ketuk, mengetuk knock
***Ketuk**lah pintu itu.*
Knock at the door.

khawatir, **mengkhawatirkan** worry

*Jangan **khawatir** mengenai harganya. Pilih saja yang kamu suka.*
Don't **worry** about the price. Choose the one you like.
*Aku **mengkhawatirkan** dirimu.*
I'm **worried** about you.

khusus special

*Aku akan memberimu harga **khusus** untuk tas itu.*
I'll give you a **special** price for that bag.
*Gambar ini punya arti **khusus** untuknya.*
The picture has a **special** meaning for her.

kibas-kibas, mengibas-ngibaskan wag

*Pluto **mengibas-ngibaskan** ekornya dan menjulurkan lidahnya.*
Pluto is **wagging** his tail and lolling his tongue.

*Berhentilah **mengibas-ngibaskan** ekormu, Pluto!*
Stop **wagging** your tail, Pluto!

kilap, mengkilap shiny

*Sepatu mereka **mengkilap**.*
Their shoes are **shiny**.

kira guess, think

*Aku **kira** Kwak tidak akan datang.*
I **think** Louie won't come.
*Aku **kira** kamu benar.*
I **guess** you are right.

kira-kira about

*Dia berangkat **kira-kira** jam sepuluh.*
She left at **about** ten.

kiri left

*Garasi ada di sebelah **kiri**mu.*
The garage is on your **left** side.

kirim, mengirim(i) send

*Desi **mengirim** surat kepada Nenek sebulan sekali.*
Daisy **sends** a letter to Grandma once a month.

kita we

***Kita** akan menang!*
We are going to win!

kitar, sekitar about, around

*Jaraknya **sekitar** 5 mil.*
The distance is **about** 5 miles.
*Dia tinggal di suatu tempat di **sekitar** sini.*
He lives somewhere **around** here.

klakson horn

*Mobil umumnya punya **klakson**.*
A car usually has a **horn**.
*Papan itu berbunyi "Dilarang membunyikan **klakson**".*
The sign says "Don't blow the **horn**".

koboi cowboy

*Gufi seorang **koboi**.*
Goofy is a **cowboy**.

koin coin

*Paman Gober mengoleksi **koin** emas.*
Uncle Scrooge collects gold **coins**.
*Dia menemukan sebuah **koin** emas.*
He finds a gold **coin**.

koki cook

*Donal bekerja sebagai **koki** di Hotel Angsa.*
Donald works as a **cook** at Swan Hotel.

K

kol cabbage
__Kol__ dan wortel adalah sayuran.
Cabbages and carrots are vegetables.

kolam pond, pool

Lihatlah __kolam__ itu. Ada berapa itik di __kolam__ itu?
Look at the **pond**. How many ducks are there in the **pond**?

Desi berenang di __kolam__ renang setiap pagi.
Daisy swims in a swimming **pool** every morning.

koleksi collection; **mengoleksi** collect
Bolehkah aku melihat __koleksi__ perangkomu?
May I see your stamp **collection**?
Apakah kamu __mengoleksi__ stiker?
Do you **collect** stickers?
☞ see **kumpul**

kompor stove
Ibu meletakkan panci di atas __kompor__.
Mother put a saucepan on the **stove**.

komputer computer
Klarabela membeli __komputer__.
Clarabelle bought a **computer**.

K

kopi coffee
Ayah minum secangkir __kopi__ pahit setiap pagi.
Father drinks a cup of black **coffee** every morning.

koran paper, newspaper
Apakah kamu membaca __koran__ pagi?
Did you read the morning **paper**?
Hobinya membaca __koran__ dan majalah.
Her hobby is reading **newspapers** and magazines.

Korea **1** Korea (country). **2** Korean (of Korea).
*Paman Gober pergi ke **Korea** tahun lalu.*
Uncle Scrooge went to **Korea** last year.
*bahasa **Korea***
the **Korean** language
bangsa Korea
the **Korean** people/nation
*Tuan Kim orang **Korea**.*
Mr. Kim is **Korean**.
*Aku tidak dapat berbahasa **Korea**.*
I don't speak **Korean**.

korek api match
*Mini menyalakan lilin dengan **korek api**.*
Minnie lit the candles with **matches**.

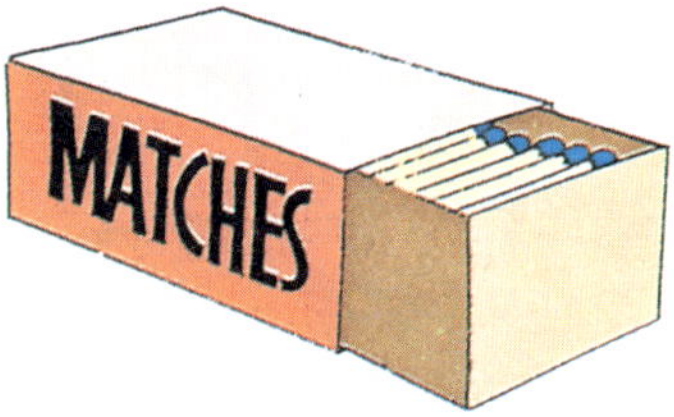

kosong empty, zero
*Keranjang mereka **kosong**.*
Their basket is **empty**.
*Kodenya adalah **kosong**-**kosong**-tujuh.*
His code is **zero**-**zero**-seven.

K

kota city, town
*Ini **kota** besar. Ini bukan **kota** kecil.*
This is a big **city**. It is not a small **town**.

kotak box, case

*Mereka masing-masing memegang **kotak**.*
Each of them is holding a **box**.
***Kotak** Miki lebih kecil daripada kotak Donal.*
Mickey's **box** is smaller than Donald's.
*Nenek mempunyai **kotak** perhiasan kuno.*
Grandma had an old jewelry **case**.

kotak surat mailbox

*Ada dua **kotak surat** di dekat sini.*
There are two **mailboxes** around here.

kotor dirty

*Cucilah tanganmu yang **kotor** sebelum makan.*
Wash your **dirty** hands before you eat.

krayon crayon

*Kwak mempunyai sekotak **krayon**.*
Louie has a box of **crayons**.

kuat strong

*Pak Kumis orang yang sangat **kuat**.*
Mr. Kumis is a very **strong** man.
☞ see **perkasa**

kubang, kubangan mud puddle
*Awas! Ada **kubangan**.*
Watch out! There is a **mud puddle**.

kucing cat

***Kucing** hitam sedang mengejar tikus.*
The black **cat** is chasing the mice.

kuda horse
***Kuda** punya empat kaki dan dapat lari kencang.*
Horses have four legs and can run fast.

kuda laut seahorse
***Kuda laut** hidup di laut.*
Seahorses live in the sea.

kuda nil hippopotamus
***Kuda nil** ini sedang menari.*
This **hippopotamus** is dancing.

K

kuis quiz
*Apakah kamu melihat acara **kuis** di televisi tadi malam?*
Did you watch the television **quiz** show last night?

kuku nail
***Kuku** jarinya panjang-panjang.*
His finger**nails** are long.

kulit skin
***Kulit** adikku sangat lembut.*

kulkas refrigerator

*Agus mengisi **kulkas**nya dengan banyak makanan.*
Gus filled his **refrigerator** with a lot of food.

kumpul, berkumpul gather; **mengumpulkan** collect, gather

*Mereka **berkumpul** di bawah pohon yang rindang.*
They **gathered** under the shady tree.
*Paman Gober **mengumpulkan** koin emas.*
Uncle Scrooge **collects** gold coins.
*Apakah mereka sedang **mengumpulkan** kayu?*
Are they **gathering** wood?

kunci key; **mengunci** lock

*Tikus itu memegang sebuah **kunci**.*
The mouse is holding a **key**.
***Kunci**lah pintu-pintu sebelum kamu berangkat.*
Lock the doors before you leave.

K

kuning yellow

*Warna favorit Kwek adalah **kuning**.*
Dewey's favorite color is **yellow**.

kunjung, mengunjungi visit; **pengunjung** visitor

*Kemarin mereka **mengunjungi** Nenek.*

Yesterday they **visited** Grandma.

*Museum Nasional banyak **pengunjung**nya.*

The National Museum has many **visitors**.

kupu-kupu butterfly

***Kupu-kupu** ini punya sayap yang sangat indah.*

This **butterfly** has very beautiful wings.

kura-kura turtle

*Kedua **kura-kura** ini berteman.*

These two **turtles** are friends.

☞ see **penyu**

kursi chair

*Aku senang duduk di **kursi** kayu ini.*

I enjoy sitting on this wooden **chair**.

kurus thin

*Laki-laki ini sangat **kurus**.*

This man is very **thin**.

K

labah-labah spider
Gufi melihat seekor ***labah-labah****.*
Goofy saw a **spider**.

laboratorium laboratory
Para ilmuwan itu bekerja di ***laboratorium.***
The scientists worked in the **laboratory.**

labuh, berlabuh dock
Kapal itu akan ***berlabuh*** *besok pagi.*
The ship will **dock** tomorrow morning.

laci drawer
Simpanlah kaus kaki-kaus kakimu di ***laci.***
Put your socks in the **drawer.**

lada pepper
lada *hitam* — black **pepper**
lada *putih* — white **pepper**
Ibu menambahkan sedikit ***lada*** *ke dalam sup.*
Mother put a little **pepper** in the soup.

ladang field

*Orang kerdil ini sedang bekerja di **ladang**.*
The dwarf is working in the **field**.

L

lagi **1** again. **2** more.
Aku akan menelepon dia ***lagi****.*
I'll call him **again**.
Kamu harus menyanyikan lagu itu sekali ***lagi****.*
You must sing the song once **more**.

lagu song
Penyanyi itu menyanyikan sebuah ***lagu*** *yang indah untuk Desi.*
The singer sang a beautiful **song** for Daisy.

lahir (to be) born; **melahirkan** give birth to
Aku ***lahir*** *di Indonesia sepuluh tahun yang lalu.*
I was **born** in Indonesia ten years ago.
Dia ***melahirkan*** *bayi laki-laki sejam yang lalu.*
She **gave birth to** her baby boy an hour ago.

laku, melakukan do
Mereka akan ***melakukan*** *apa saja yang kamu minta.*
They will **do** anything you ask.
☞ see **MELAKUKAN**

lalu then; **terlalu** so, too.
Tempat tidur itu ***terlalu*** *pendek untuk Gufi.*
That bed is **too** short for Goofy.
Dia menulis surat, ***lalu*** *mengeposkannya.*
She wrote a letter, and **then** posted it.
Jangan ***terlalu*** *sedih. Segalanya akan baik-baik saja.*
Don't be **so** sad. Everything will be all right.

lama old; **selama** **1** during. **2** for.

Buanglah sepatumu yang ***lama****.*
Throw away your **old** shoes.
Aku tinggal bersama Nenek ***selama*** *liburan.*
I stayed with Grandma **during** the holidays.
Kami belajar ***selama*** *tiga jam, lalu beristirahat sejenak.*
We studied **for** three hours, and then we took a break.

L

berbicara
talk

bernyanyi
sing

bekerja
work

berjalan
walk

tidur
sleep

menari
dance

duduk
sit

berpikir
think

mencuci
wash

melompat
jump

berenang
swim

membeli
buy

minum
drink

lambai, melambai wave

Mini melongok keluar.
*Dia **melambai** kepada Desi.*
Minnie is peeking outside.
She is **waving** to Daisy.

lambat slow; **terlambat** late

*Kelinci berjalan cepat. Kura-kura berjalan **lambat**.*
The rabbit is fast. The turtle is **slow**.

*Kalau tidak lari, kalian akan **terlambat** masuk sekolah.*
If you don't run, you'll be **late** for school.

lampu lamp

*Tolong hidupkan **lampu**nya.*
Please turn on the **lamp**.
***Lampu** itu ada di atas meja.*
The **lamp** is on the table.

langgan, pelanggan customer
Tokonya punya banyak ***pelanggan****.*
His shop has many **customers**.

langit sky
Bulan di ***langit*** *bersinar terang.*
The moon in the **sky** is shining brightly.

langkah step
Silakan mundur dua ***langkah****, Saudara-saudara.*
Would you take two **steps** backward, please.

lantai floor
Miki berdiri di ***lantai****.*
Mickey is standing on the **floor**.

lantai atas upstairs
Mereka ada di ***lantai atas****.*
They are **upstairs**.

lapang, lapangan field
Mereka bermain sepak bola di ***lapangan****.*
They are playing football in the **field**.

lapar hungry
Kamu ***lapar****?*
Are you **hungry**?

lari, berlari run; **pelari** runner

*Miki **berlari** cepat sekali.*
Mickey is **running** very fast.
*Dia **pelari** kedua dalam perlombaan itu.*
He is the second **runner** in the race.

latih, berlatih, latihan practice

*Apakah Miki **berlatih** main basket di sekolah?*
Did Mickey **practice** playing basketball at school?
*Kamu perlu banyak **latihan** sebelum (ikut) konser itu.*
You need a lot of **practice** before the concert.

laut sea

☞ see **LAUT**

L

layan, melayani serve

*Tugas kami adalah **melayani** Anda, Baginda.*
It is our duty to **serve** you, Your Majesty.

layang-layang kite
*Miki memberi ekor pada **layang-layang**nya.*
Mickey is sticking a tail on his **kite**.

layar, berlayar sail
*Para pelaut itu akan **berlayar** besok.*
The sailors will **sail** tomorrow.

lebah bee
***Lebah** itu terbang menjauh.*
The **bee** is flying away.

lebar wide
*Matanya terbuka **lebar**.*
Her eyes are **wide** open.

leher neck
*Lihatlah **leher**nya yang indah.*
Look at her lovely **neck**.
*Burung unta itu bangga akan **leher**nya yang panjang.*
The ostrich is proud of her long **neck**.

L

LAUT SEA

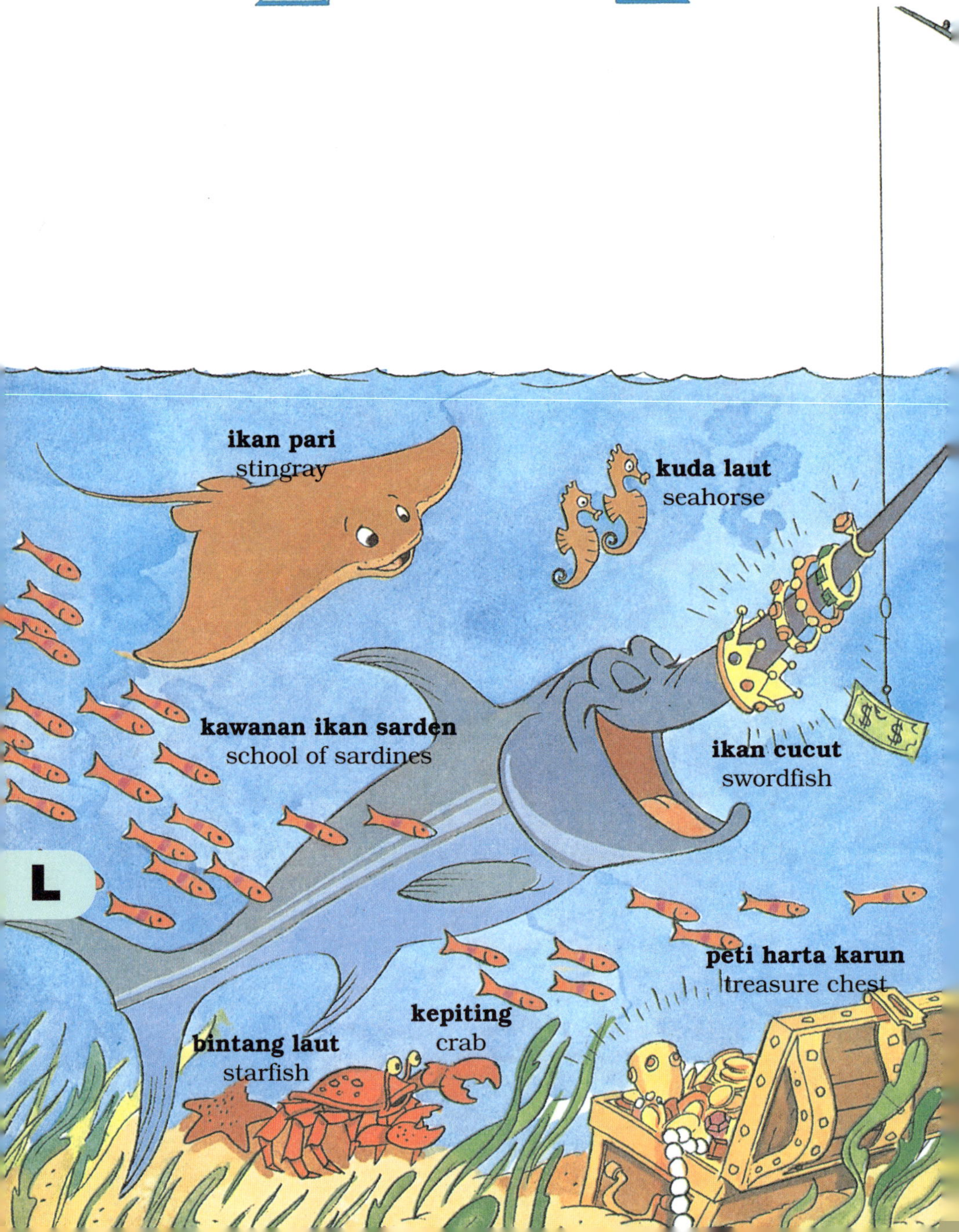

ikan pari
stingray
kuda laut
seahorse
kawanan ikan sarden
school of sardines
ikan cucut
swordfish
peti harta karun
treasure chest
kepiting
crab
bintang laut
starfish
L

DAISY
ubur-ubur
jellyfish
ikan paus
whale
belut
eel
penyu
turtle
lumba-lumba
dolphin
gurita
octopus
kerang
clam
rumput laut
seaweed
L

lelah tired

*Gufi **lelah**. Dia ingin tidur sejenak.*
Goofy is **tired**. He wants to take a nap.
☞ see **capek**

lemah weak
*Kami bukan orang yang **lemah**.*
We aren't **weak** people.
*Pak Tikus **lemah** karena sakit perut.*
Mr. Mouse is **weak** from a stomachache.

lemari **1** cupboard. **2** wardrobe.
*Simpanlah kue-kue itu di **lemari**.*
Keep the cookies in the **cupboard**, please.
*Ibu menggantung baju-baju di **lemari**.*
Mother hangs up clothes in the **wardrobe**.

lemari es refrigerator
☞ see **kulkas**

lembar sheet
*Beri aku se**lembar** kertas.*
Give me a **sheet** of paper.

L

lepas, melepaskan take off.

***Lepaskan** baju kalian.*
Take off your clothes.

lembut soft

Penyanyi itu bersuara ***lembut****.*
The singer has a **soft** voice.
Beruang kecil ini senang musik yang ***lembut****.*
The little bear likes **soft** music.

lempar, melemparkan throw

Lemparkan *bola itu kepadanya.*
Throw him the ball.

lengan arm

Kiki dan Koko sedang mengukur panjang ***lengan*** *Pak Gorila.*
Chip and Dale are measuring the length of Mr. Gorilla's **arms**.

letak, meletakkan lay, put, set

***Letakkan** blusmu di tempat tidur.*
Lay your blouse on the bed.
*Miki **meletakkan** tas punggungnya di sofa.*
Mickey **put** his backpack on the sofa.
*Kwik **meletakkan** buku itu di rak.*
Huey **set** the book on the shelf.

lewat past; **melewati** pass
*Dia datang pukul tujuh **lewat** sepuluh.*
She came at ten **past** seven.
*Kalian tidak diperbolehkan **melewati** garis itu.*
You aren't allowed to **pass** the line.

lezat delicious
*Bibi Desi memasak sup yang **lezat**.*
Aunt Daisy is cooking **delicious** soup.

libur, liburan holiday, vacation; **berlibur** spend a holiday, go on vacation
*Minggu adalah hari **libur**.*
Sunday is a **holiday**.
*Dia sedang **liburan**.*
She is on **vacation**.
*Kamu **berlibur** ke mana tahun lalu?*
Where did you **spend your holidays** last year?
*Paman Gober akan **berlibur** ke Bali.*
Uncle Scrooge will **go** to Bali **on vacation**.

L

lidah tongue

*Pluto menjulurkan **lidah**nya.*
Pluto is lolling his **tongue**.

lift elevator (AE), lift (BE)

*Dumbo ada di dalam **lift**.*
Dumbo is in the **elevator**.
*Dumbo naik ke kantorku dengan **lift**.*
Dumbo takes the **elevator** to my office.
*Aku akan naik **lift** ke lantai dua.*
I'll take the **lift** to the second floor.

lihat, melihat look at, see, watch

*Jangan **melihat** padaku. **Lihat**lah ke papan tulis.*
Don't **look at** me. **Look at** the blackboard.
*Dapatkah kamu **melihat** kami, Gufi?*
Can you **see** us, Goofy?
*Aku **melihat** TV setiap malam.*
I **watch** TV every night.

lilin candle

Miki dan Mini membeli lima buah ***lilin*** *untuk ulang tahun Pluto.*
Mickey and Mini bought five **candles** for Pluto's birthday.
Mini memberi Miki lima buah ***lilin*** *warna hijau.*
Minnie is giving Mickey five green **candles**.

lima belas fifteen
Donal punya ***lima belas*** *katak hijau.*
Donald has **fifteen** green frogs.

lima puluh fifty
Tulislah ***lima puluh*** *kata di selembar kertas.*
Write down **fifty** words on a piece of paper.

lima five; **kelima** fifth
Ada ***lima*** *lilin di atas kue ulang tahunnya.*
There are **five** candles on her birthday cake.
Ini ulang tahunnya yang ***kelima.***
It is her **fifth** birthday.
Desi perenang ***kelima.***
Daisy is the **fifth** swimmer.

L

lingkar, lingkaran circle; **melingkari** circle

*Lihatlah **lingkaran-lingkaran** yang berwarna-warni ini.*
Look at these colorful **circles.**
***Lingkarilah** jawaban yang benar.*
Circle the right answer.

lipat, melipat fold

*Dia **melipat** surat sebelum memasukkannya ke dalam amplop.*
She is **folding** a letter before putting it in an envelope.

lomba, perlombaan race

*Dia bertemu kawannya dalam **perlombaan** itu.*
She met her friend in the **race**.

lompat, melompat jump, leap

*Jangan **melompat** dari tembok itu.*
Don't **jump** off the wall.
*Katak **melompat**, mereka tidak berlari.*
Frogs **leap**, they don't run.

L

loncat, meloncat-loncat jump up and down
*Apakah kamu suka **meloncat-loncat** seperti mereka?*
Do you like **jumping up and down** as they do?

lonceng bell
*Pluto punya **lonceng***
besar berwarna biru.
Pluto has a big blue **bell**.

L

longgar loose
*Kaus ini terlalu **longgar** untukku.*
This T-shirt is too **loose** for me.

losin dozen

*Nenek menyimpan **losinan** barang pecah belah.*
Grandma kept **dozens** of dishes.
*Donal membeli se**losin** pensil untuk Kwik, Kwak, Kwek.*
Donald bought a **dozen** of pencils for Huey, Louie, Dewey.

luar, keluar out; **di luar** outsi

*Mengapa mereka melompat **kelu***
Why are they jumping **out**?

*Miki berada **di luar** rumah Desi.*
Mickey is **outside** Daisy's house.

lubang hole

*Ada berapa **lubang** yang kamu lihat?*
How many **holes** do you see?
- *Tiga **lubang**.*
- Three **holes**.

lucu funny

*Kami suka badut yang **lucu** ini.*
We love this **funny** clown.

lukis, melukis paint; **lukisan** painting

*Titi **melukis** seorang bayi di atas kanvas.*
Titi **painted** a baby on the canvas.
*Dia menjual **lukisan** itu kemarin.*
She sold the **painting** yesterday.

lupa forget

*Kwak sering **lupa** membawa kotak makan siangnya.*
Louie often **forgets** to bring his lunch box.

lurus straight

*Jangan belok ke kanan. Jalan **lurus** saja.*
Don't turn right. Just go **straight**.
*Kwek tidak dapat membuat garis **lurus**.*
Dewey can't draw a **straight** line.

L

lutut knee

*Kenapa **lutut**mu, Pinokio?*
What's wrong with your **knee**, Pinocchio?
*Ini **lutut**ku.*
These are my **knees**.

maaf, memaafkan forgive, pardon

__Maafkan__ aku bersikap tidak sopan.
Forgive me for being rude.
Aku __memaafkan__mu.
I **forgive** you.
__Maafkan__ saya, Tuan.
Pardon me, sir.

macam kind

Buku __macam__ apa yang kamu inginkan?
What **kind** of book do you want?

magnet magnet

Aku dapat menggerakkan sendok dengan __magnet__ ini.
I can move the spoon with this **magnet**.

M

mahal expensive

Gaun Mini sangat __mahal__.
Minnie's dress is very **expensive**.

mahkota crown
***Mahkota** ini sangat indah.*
The **crown** is very beautiful.

main, bermain, memainkan play; **mainan** toy; **pemain** player; **permainan** game
*Kwik, Kwek, dan Kwak **bermain** dengan gembira.*
Huey, Dewey, and Louie are **playing** happily.
*Aku dapat **memainkan** biola.*
I can **play** the violin.

*Mereka punya banyak **mainan**.*
They have many **toys**.
*Mereka **pemain** tenis.*
They are tennis **players**.
***Permainan** sudah selesai.*
The **game** is over.
☞ see **MAINAN**

main skat, bermain skat skate
*Mereka **bermain skat** di danau.*
They are **skating** on the lake.

M

maju go forward

Kanguru itu melompat ***maju****.*
The kangaroo is **going forward**.

makan eat, meal; **makanan** food

Mereka ***makan*** *bersama. Mereka bertemu saat* ***makan****.*
They are **eating** together. They meet at **meals**.

Nenek menyediakan banyak ***makanan*** *untuk pesta itu.*
Grandma prepared a lot of **food** for the party.

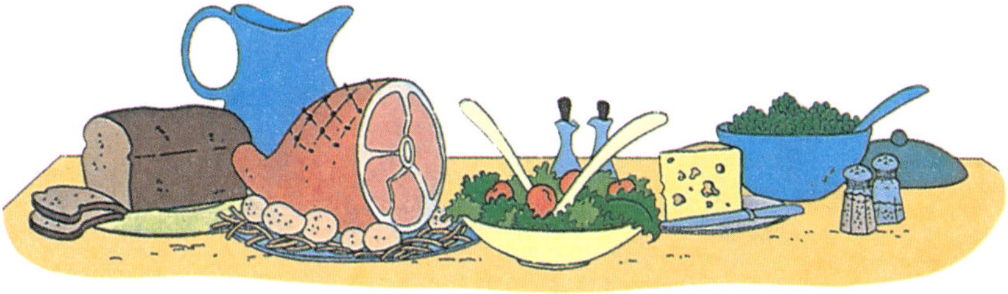

M

MAINAN TOY

balok
block(s)

kapal-kapalan
toy sailboat

boneka beruang
teddy bear

lokomotif mainan
toy engine(s)

yoyo
yoyo(s)

makan malam dinner, supper

*Miki dan Mini selalu **makan malam** pukul enam.*
Mickey and Minnie always eats **dinner** at six.
*Ibu sedang menyiapkan **makan malam** kami.*
Mother is preparing our **supper**.

skateboard
skateboard(s)

kereta api mainan
toy train(s)

otopet
scooter(s)

kelereng
marble(s)

layang-layang
kites

makan pagi breakfast

*Donal tidak pernah **makan pagi**.*
Donald never has **breakfast**.

M

makan siang lunch

*Donal dan Desi sering **makan siang** bersama.*
Donald and Desy often have **lunch** together.

maksud, bermaksud mean

*Apa **maksud**mu?*
What do you **mean**?
*Aku tidak **bermaksud** mengganggumu.*
I didn't **mean** to disturb you.

malam night; **malam ini** tonight

*Selamat **malam**, Saudara-saudara.*
Good **night**, everybody.
***Malam ini** udara dingin sekali.*
It is very cold **tonight**.

malas lazy; **bermalas-malasan** idle

*Agus sangat **malas**.*
Gus is very **lazy**.
*Dia **bermalas-malasan** sepanjang hari.*
He is **idle** all day.

M

malu **1** ashamed. **2** shy.

Kamu membuat banyak kesalahan.
Kamu seharusnya ***malu****.*
You made a lot of mistakes.
You should be **ashamed**.

Jangan ***malu****.*
Don't be **shy**.
Aku ***malu*** *bicara padamu.*
I feel **shy** talking to you.

mampu, kemampuan **1** ability. **2** power.
Gadis kecil itu punya ***kemampuan*** *bernyanyi.*
The little girl has the **ability** to sing.
Kucing punya ***kemampuan*** *melihat dalam gelap.*
Cats have the **power** to see in the dark.

mana, di mana where; **di mana-mana** everywhere
Di mana *pensilku?*
Where is my pencil?
Kamu tinggal ***di mana****?*
Where do you live?
Di mana-mana *kelihatan bersih.*
It's clean **everywhere**.

mandi take a bath

Mini ***mandi*** *dua kali sehari.*
Minnie **takes a bath** twice a day.

mangkuk bowl

*Gufi makan se**mangkuk** bakso.*
Goofy ate a **bowl** of meatballs.
*Ini **mangkuk** nasi.*
This is a rice **bowl**.

manis sweet

*Cake ini rasanya **manis**.*
The cake tastes **sweet**.
*Teh ini terlalu **manis** untukku.*
This tea is too **sweet** for me.

mantel coat

*Mini ingin membeli **mantel** bulu.*
Minnie wants to buy a fur **coat**.

manusia man (men)

*Marilah kita berdoa untuk semua **manusia** di dunia ini.*
Let's pray for all **men** in this world.

marah angry; **sangat marah** mad

*Kamu **marah**, Pluto?*
Are you **angry**, Pluto?
*- Ya, aku **marah**.*
- Yes, I'm **angry**.
*Pluto **sangat marah** karena kucing itu makan makanannya.*
Pluto was **mad** because the cat ate his meal.

M

Maret March

***Maret** adalah bulan ketiga.*
March is the third month of the year.

mari (kita) let us (let's)

Mari kita *pergi nonton film.*
Let's go to the movie.

masa depan future
Kamu punya ***masa depan*** *gemilang.*
You have a bright **future**.

masak, memasak cook
Gufi sedang ***memasak*** *di dapur.*
Goofy is **cooking** in the kitchen.

masalah problem
Ada ***masalah****?*
Is there any **problem**?
☞ see **problem**

masih still
Mengapa kamu ***masih*** *di sini?*
Why are you **still** here?

masuk come in, enter, go into
Silakan ***masuk****.*
Please **come in**.

Pluto ***masuk*** *rumah.*
Pluto **entered** the house.

Tikus itu ***masuk*** *ke lubang.*
The mouse is **going into** the hole.

masuk angin cold
Kwek ***masuk angin****.*
Dewey had a **cold**.

mata eye
Kita punya dua ***mata****.*
We have two **eyes**.

mata pelajaran subject
Profesor Otto mengajarkan dua ***mata pelajaran****.*
Professor Otto teaches two **subjects**.

M

matahari sun

Matahari *bersinar terang.*
The **sun** is shining brightly.
Matahari *terbit di timur.*
The **sun** rises in the east.

matahari terbenam sunset
*Kami melihat **matahari terbenam**.*
We are watching the **sunset**.

mati **1** dead, die. **2** stop.
*Burung itu **mati**.*
The bird is **dead**.
*Kucingku **mati**.*
My cat **died**.
*Jam tanganku **mati**.*
My watch has **stopped**.
☞ see **tinggal, meninggal**

mawar rose

__Mawar__ bunga yang indah.
Roses are beautiful flowers.

mebel furniture
*Tidak ada **mebel** di rumah Pluto.*
There is no **furniture** in Pluto's house.
☞ see **perabot**

megah magnificent
*Banyak gedung **megah** di Jakarta.*
There are many **magnificent** buildings in Jakarta.

Mei May
***Mei** sesudah April.*
May comes after April.

M

meja table

Letakkan buku itu di ***meja****.*
Put the book on the **table**.
Meja *itu terbuat dari kayu.*
The **table** is made of wood.

meja tulis desk

Desi menulis catatan di ***meja tulis*** *Nenek.*
Daisy is writing a note at Grandma's **desk**.

menang win; **kemenangan** victory

Mereka ***menang*** *dalam pertandingan bisbol.*
They **won** the baseball game.

Kami akan merayakan ***kemenangan*** *kami.*
We are going to celebrate our **victory**.

menara tower

Kita dapat melihat-lihat kota dari ***menara****.*
We can look around the city from the **tower**.

M

mendung cloudy

☞ see **awan, berawan**

menit minute

Beri aku waktu sepuluh ***menit*** *untuk berganti pakaian.*
Give me ten **minutes** to change clothes.

mentega butter
*Mereka sedang mengiris **mentega**.*
They are cutting the **butter**.

mentok goose (geese)
***Mentok** dapat berenang.*
Geese can swim.
*Aku melihat seekor **mentok** di danau.*
I saw a **goose** on the lake.

merah red

*Tempat tidur Gufi berwarna **merah**.*
Goofy's bed is **red**.

merah jambu pink
*Teman-temannya memanggilnya "Pinky" karena pipinya **merah jambu**.*
Her friends call her "Pinky" because her cheeks are **pink**.

mereka they
***Mereka** teman-temanku.*
They are my friends.

merica pepper
☞ see **lada**

merpati pigeon
*Aku suka (burung) **merpati**.*
I love **pigeons**.

mesin machine
*Ibu mempunyai sebuah **mesin** jahit.*
Mother has a sewing **machine**.

M

meskipun although, though

*Mereka bahagia **meskipun** mereka miskin.*
They are happy **although** they are poor.
***Meskipun** hujan, Desi keluar tanpa jas hujan.*
Though it was raining, Daisy went out without a raincoat.

milik belong to
*Kucing ini **milik** Gufy.*
This cat **belongs** to Goofy.
☞ see **punya**, **kepunyaan**

mimpi dream; **bermimpi** have a dream

*Ceritakan padaku **mimpi-mimpi**mu.*
Tell me your **dreams**.
*Pluto **bermimpi** menyenangkan tadi malam.*
Pluto **had** a happy **dream** last night.

minggu 1 week. 2 **(Minggu)** Sunday
*Ada tujuh hari dalam se**minggu**.*
There are seven days in a **week**.
*Dia pergi ke Bandung **minggu** lalu.*
She went to Bandung last **week**.
*Ayah tidak pergi ke kantor pada hari **Minggu**.*
Father doesn't go to the office on **Sundays**.

M

minta, meminta ask (for)
*Aku **minta** nasihatmu.*
I **asked for** your advice.
*Dia **meminta** izin untuk pergi ke bioskop.*
He **asked** permission to go to the theater.

minum drink

*Klarabela **minum** sepuluh gelas air putih setiap hari.*
Clarabella **drinks** ten glasses of water every day.

mirip look like

*Kamu **mirip** aku.*
You **look like** me.

miskin poor

*Laki-laki itu **miskin** sekali.*
That man is very **poor**.

mobil car

***Mobil-mobil** baru ini milik Paman Gober.*
These new **cars** belong to Uncle Scrooge.

monster monster

*Aku tidak suka **monster-monster** ini.*
I don't like these **monsters**.

monyet monkey

***Monyet-monyet** ini duduk sambil tersenyum.*
These **monkeys** are sitting and smilling.

muda young
*Gadis **muda** ini keponakanku.*
This **young** girl is my niece.

mudah easy, simple
*Soal ini **mudah**.*
This problem is **easy.**
*Itu terlalu **mudah** untuk murid-murid.*
That is too **easy** for the students.
*Aku akan memberimu pertanyaan yang **mudah**.*
I'll give you a **simple** question.

muka face
☞ see **wajah**

mulai begin, start
*Kursus bahasa Inggris **mulai** pukul sembilan.*
The English course **begins** at nine.
*Kursus bahasa Indonesia **mulai** lebih awal.*
The Indonesian course **starts** earlier.

mulut mouth
***Mulut**mu besar.*
You have a big **mouth**.
*Tutup **mulut**mu.*
Shut your **mouth**.

muncul appear
*Paman Gober tidak **muncul** di pesta itu.*
Uncle Scrooge didn't **appear** at the party.
*Bulan **muncul** di atas bukit.*
The moon **appeared** over the hill.

mungkin may, maybe, perhaps, possible, probably
*Donal **mungkin** terlambat.*
Donald **may** be late.
Kamu akan datang besok?
Will you come tomorrow?

M

- ***Mungkin*** *tidak.*
- **Maybe** not.
Mungkin *kamu benar.*
Perhaps you are right.
Kwek berlari secepat ***mungkin****.*
Dewey ran as fast as **possible**.
Ini ***mungkin*** *kucing.*
It is **probably** a cat.

murah cheap

Donat ini ***murah****. Ayo kita beli.*
These doughnuts are **cheap**. Let's buy them.

murid pupil, student

Ada 500 ***murid*** *di sekolahku.*
There are 500 **pupils** in my school.
Kwik, Kwek, dan Kwak ***murid*** *sekolah dasar.*
Huey, Dewey, and Louie are elementary school **students**.
☞ see **siswa**

museum museum

Donal dan Kwik berada di ***museum****.*
Donald and Huey are in the **museum**.

M

Mereka s
They like

lonceng
bell

terompet besar
tuba

simbal
cymbals

piano
piano

a ***musik***.
usic.

trombon
trombone

triangle
triangle

terompet
trumpet

drum
drum

musim season

*Ada berapa **musim** di Indonesia?*

How many **seasons** are there in Indonesia?

- *Ada dua **musim**: **musim** kemarau dan **musim** penghujan.*
- There are two **seasons**: the dry **season** and the rainy **season**.

musim dingin winter

*Tidak ada **musim dingin** di Indonesia.*

There is no **winter** in Indonesia.

***Musim dingin** bersalju.*

There is snow in **winter**.

musim gugur autumn

*Di **musim gugur**, daun-daun berubah menjadi kuning keemasan dan mulai berguguran.*

In **autumn**, the leaves turn gold and begin to fall.

M

musim panas summer

*Kami sering ke pantai di **musim panas.***

We often go to the beach in **summer.**

musim semi spring

*Segalanya tampak indah di **musim semi.***

Everything looks beautiful in **spring.**

mutiara pearl

*Sang Putri memakai seuntai **mutiara.***

The Princess is wearing a **pearl** necklace.

M

naik 1 ride. 2 get into; **menaikkan** raise.

Dia senang ***naik*** *ke punggung kura-kura.*
He likes to **ride** on the turtle's back.
Titi ***naik*** *kuda poni.*
Titi is **riding** a pony.
Donal ***naik*** *ke mobilnya.*
Donald is **getting into** his car.

Dia ***menaikkan*** *harga buku itu.*
She **raised** the price of the book.
Kami ***menaikkan*** *bendera.*
We **raised** the flag.

nama name

Halo! ***Nama****ku Kwak.*
Hello! My **name** is Louie.

nanas pineapple
Ibu punya sebotol selai ***nanas****.*
Mother has a jar of **pineapple** jam.

nanti later
Aku akan kembali ***nanti****.*
I'll come back **later**.

napas breath; **bernapas** breathe
Donal menarik ***napas*** *dalam-dalam.*
Donald is taking a deep **breath**.
Bila kita mati, kita tidak lagi ***bernapas****.*
When we die, we don't **breathe** anymore.

nasi rice
Kami makan ***nasi****.*
We eat **rice**.

Natal Christmas (Xmas)

N

negara country
*Ada berapa **negara** di dunia ini?*
How many **countries** are there in the world?

nelayan fisherman
*Gufi ingin menjadi seorang **nelayan**.*
Goofy wants to be a **fisherman**.

nenek grandmother (grandma)
*Ini dia kakek dan **nenek**ku.*
Here are my grandfather and **grandmother**.

nikah, **menikah** marry
*Maukah kamu **menikah** denganku?*
Will you **marry** me?
*Mereka **menikah** lima puluh tahun yang lalu.*
They **married** fifty years ago.

noda mark
*Tangan Kwik meninggalkan **noda** kotor di meja.*
Huey's hands left dirty **marks** all over the table.

nol zero
*Suhunya 5 derajat di bawah **nol***
The temperature is 5 degrees below **zero.**

nona Miss
***Nona** Ani seorang perawat.*
Miss Ani is a nurse.

N

November November
__November__ adalah bulan kesebelas.
November is the eleventh month of the year.

nyala, menyala burn; **menyalakan** **1** light. **2** switch on.
Lilin itu __menyala__ terang.
The candle is **burning** brightly.
Gufi __menyalakan__ api.
Goofy **lit** the fire.
Tolong __nyalakan__ lampunya.
Please **switch on** the lamp.

nyaman comfortable

Balon besar ini __nyaman__ sekali.
This big balloon is very **comfortable**.

nyanyi, menyanyi sing; **nyanyian** song
Mini sedang __menyanyi__.
Minnie is **singing**.
Dengarkan __nyanyian__ yang indah itu.
Listen to the beautiful **song**.

nyonya **1** lady. **2** Mrs.
Selamat pagi, __Nyonya-nyonya__ dan Tuan-tuan.
Good morning, **Ladies** and Gentlemen.
Ini Tuan dan __Nyonya__ Klaus.
These are Mr. and **Mrs**. Klaus.

O

obat medicine

*Minumlah **obat** ini tiga kali sehari.*

Take the **medicine** three times a day.

oke okay

Boleh aku tidur di tempat tidur gantungmu?

May I sleep in your hammock?

- ***Oke.** Tidak masalah.*

- **Okay**. No problem.

Oktober October

*Dia lahir bulan **Oktober** 1990.*

She was born in **October** 1990.

olahraga sport

*Apa **olahraga** favoritmu?*

What is your favourite **sport**?

- ***Olahraga** favoritku renang.*

- My favourite **sport** is swimming.

ombak wave

***Ombak** besar bergulung-gulung.*

The high **waves** rolled over and over.

orang people, person; **seseorang** anybody, anyone, somebody, someone

*Ada berapa **orang** di jalan itu?*
How many **people** are there on the street?
*Ada satu **orang** di mobil merah itu.*
There was a **person** in the red car.

O

*Ini tidak sulit. Tanyalah pada **seseorang**.*
It is not difficult. Ask **anybody**.
*Ada **seseorang** yang kamu kenal di sekitar sini?*
Is there **anyone** you know around here?
***Seseorang** sedang memperhatikan kamu.*
Somebody is looking at you.
*Ada **seseorang** di belakang batu.*
There is **someone** behind the rock.

orang-orangan scarecrow
*Burung-burung takut akan **orang-orangan**.*
The birds are afraid of the **scarecrow**.

orangutan orangutan
*Aku melihat **orangutan** di kebun binatang.*
I saw **orangutans** in the zoo.

organ organ
*Mini bermain **organ**.*
Minnie is playing the **organ**.

otot muscle
*Ada lebih dari 600 **otot** dalam tubuhmu.*
There are over 600 **muscles** in your body.

oven oven
*Tidak ada apa-apa di dalam **oven** ini.*
There is nothing inside this **oven**.

pabrik factory

*Gufi berada di sebuah **pabrik** mobil.*

Goofy is in a car **factory**.

pacu, berpacu race

*Mereka saling **berpacu**.*

They are **racing** against each other.

P

pada **1** (time) at, by, in, on. **2** (place) against.

__Pada__ waktu itu aku sedang di Bogor.
At that time I was in Bogor.
Kami tiba di rumah __pada__ pukul tujuh tepat.
We arrived home **at** seven o'clock.
Aku akan berada di sini __pada__ pukul 4.
I'll be here **by** four o'clock.
Dia pindah ke sini __pada__ 1990.
He moved here **in** 1990.
Perpustakaan itu tutup __pada__ hari Minggu.
The library is closed **on** Sundays.
Agus bersandar __pada__ pohon.
Gus is leaning **against** the tree.

padam, memadamkan put out

Gufi __memadamkan__ api.
Goofy is **putting out** the fire.

padang pasir desert

Desi menunggang kuda di __padang pasir__.
Daisy is riding a horse in the **desert**.

padi rice

Para petani menanam __padi__ di sawah.
The farmers grow **rice** in the field.

pagar fence

*Gajah itu duduk di **pagar**.*
The elephant was sitting on the **fence**.
***Pagar** itu roboh.*
The **fence** broke down.

pagi morning; **pagi-pagi** early

*Sinar matahari **pagi** baik untuk kesehatan kita.*
The **morning** sun is good for our health.
*Pluto membangunkan dia setiap **pagi**.*
Pluto wakes him up every **morning**.
*Pluto selalu bangun **pagi-pagi**.*
Pluto always wakes up **early**.

pak, mengepak pack

*Paman Gober membawa satu **pak** cokelat.*
Uncle Scrooge brought a **pack** of chocolate.
Apa yang sedang dilakukan Klarabela?
What is Clarabelle doing?
- *Dia sedang **mengepak** kopernya.*
- She is **packing** her suitcase.

pakai, berpakaian dress; **memakai** wear, put on;
pakaian clothes

*Dia **berpakaian** serba hitam tadi malam.*
She **dressed** in black last night.
*Miki tidak **memakai** topinya.*
Mickey didn't **wear** his hat.
***Pakai**lah sepatumu.*
Put on your shoes.
*Mini mencuci **pakaian**nya.*
Minnie is washing her **clothes**.

pakaian renang bathing suit

***Pakaian renang**mu bagus sekali, Mini.*

Your **bathing suit** is very nice, Minnie.

pakaian seragam uniform

*Miki memakai **pakaian seragam**nya.*

Mickey is wearing his **uniform**.

paku nail

*Kiki memerlukan banyak **paku**.*

Chip needs a lot of **nails**.

palu hammer

***Palu** besar ini berat sekali.*

This big **hammer** is very heavy.

paman uncle

*Aku punya dua **paman**. Mereka saudara laki-laki ibuku.*
I have two **uncles**. They are my mother's brothers.

panas heat, hot

P

*Mereka menikmati **panas**nya api.*
They enjoyed the **heat** of a fire.

*Hari ini **panas** sekali.*
It is very **hot** today.
*Dia menuangkan kopi **panas** ke dalam cangkirku.*
She is pouring **hot** coffee into my cup.

panci pan, pot

*Ini **panci**.*
These are **pans**.
***Panci** untuk memasak biasanya mempunyai dua pegangan kecil.*
A cooking **pot** usually has two small handles.

pancing, memancing (to) fish

*Hobinya **memancing.***
His hobby is **fishing.**

pandai bright, clever, smart

☞ see **pintar**

pangeran prince

***Pangeran** berdansa dengan Cinderela tadi malam.*

The **prince** danced with Cinderella last night.

panggang, memanggang bake, roast

*Dia **memanggang** roti.*

She is **baking** bread.

*Kiki dan Koko **memanggang** kacang.*

Chip and Dale **roasted** peanuts.

panggil, memanggil call

***Panggil**lah aku Titi.*

Please **call** me Titi.

*Aku **memanggil**nya "ibu".*

I **call** her "mother".

P

panggung stage
*Aktor itu berada di **panggung**.*
The actor was on **stage**.

panjang long; **sepanjang** **1** along. **2** during.
*Kwek meniup sebuah balon **panjang**.*
Dewey is blowing up a **long** balloon.

*Pluto tersenyum **sepanjang** jalan.*
Pluto is smiling **along** the road.
*Klarabela tinggal di rumah **sepanjang** siang.*
Clarabelle stays at home **during** the day.

panjat, memanjat climb

*Jangan **memanjat** pohon. Itu berbahaya.*
Don't **climb** the tree.
It's dangerous.

P

pantai beach
*Mereka pergi ke **pantai** setiap musim panas.*
They go to the **beach** every summer.

papan board
*Lihatlah **papan** iklan itu.*
Look at the advertising **board**.

papan pengumuman noticeboard/bulletin board
*Murid-murid sedang melihat **papan pengumuman**.*
The students are looking at the **noticeboard**.

papan tulis blackboard
*Apa yang sedang dilakukan Kwik di **papan tulis**?*
What is Huey doing on the **blackboard**?
- *Dia sedang mengerjakan soal matematika.*
- He is doing a math problem.

P

paro, separo half
*Donal memberikan **separo** apelnya kepada Desi.*
Donald gave **half** of his apple to Daisy.
☞ see **tengah**, **setengah**

pas fit
*Sepatu baru Gufi tidak **pas**.*
Goofy's new shoe doesn't **fit**.

pasang, sepasang pair; **pasangan** couple

*Gufi punya **sepasang** sepatu.*
Goofy has a **pair** of shoes.
***Pasangan** muda itu suka menyanyi.*
The young **couple** likes to sing.

pasar market
*Nenek menjual apel di **pasar**.*
Grandma sells apples in the **market**.
*Ibu pergi ke **pasar** setiap hari.*
Mother goes to the **market** every day.

pasar swalayan supermarket
*Desi sering membeli makanan di **pasar swalayan**.*
Daisy often buys food in a **supermarket**.

pasien patient
***Pasien** itu kelihatan jauh lebih sehat.*
The **patient** looks a lot healthier.

pasir sand
*Kwik, Kwek, dan Kwak sedang membuat istana **pasir**.*
Huey, Dewey, and Louie are making a **sand** castle.

pasta gigi toothpaste
Aku membeli (satu tube) ***pasta gigi****.*
I bought a tube of **toothpaste**.

pasti certainly, must
Aku ***pasti*** *akan kembali.*
I will **certainly** come back.
Kamu ***pasti*** *salah.*
You **must** be wrong.

P

patuh, mematuhi obey
Kita harus ***mematuhi*** *hukum.*
We must **obey** the laws.

payung umbrella
Dia memegang ***payung****.*
He is holding an **umbrella**.
Dia mengembangkan ***payung****nya.*
He puts his **umbrella** up.

pecah, memecahkan break

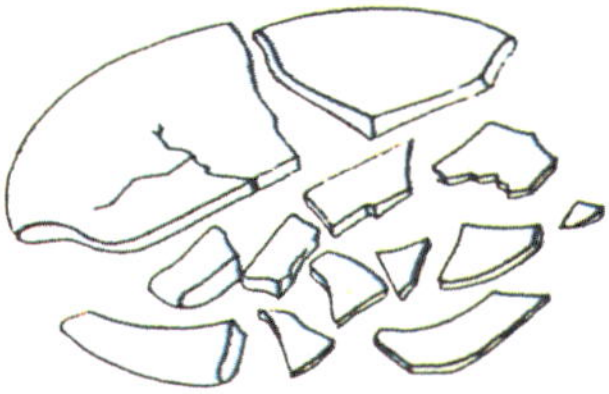

Piringku ***pecah****.*
My plate is **broken**.
Siapa yang ***memecahkan****nya?*
Who **broke** it?

pegang, memegang, memegangi hold
Pegang*lah tanganku.*
Hold my hand, please.
Gufi tidak memakai sepatunya.
Dia ***memegangi****nya.*
Goofy is not wearing his shoes.
He is **holding** them.

pelan, pelan-pelan slowly
Mereka berjalan ***pelan-pelan****.*
They are walking **slowly**.

pelangi rainbow
*Aku melihat **pelangi** di langit.*
I saw a **rainbow** in the sky.

peluk, memeluk hug
*Nenek **memeluk** Kwek dan Kwak.*
Grandma **hugged** Dewey and Louie.
***Peluk**lah aku, Nek.*
Please **hug** me, Grandma.

pena pen
*Mini menulis surat dengan **pena**.*
Minnie wrote a letter with a **pen**.

pendek short
*Miki **pendek** dan Gufi tinggi.*
Mickey is **short** and Goofy is tall.
*Aku berambut **pendek**.*
I have **short** hair.

peniti pin

*Ini sebuah **peniti**.*

This is a **pin**.

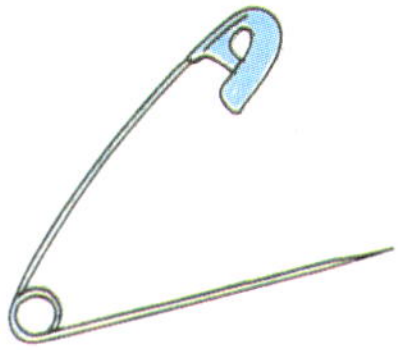

pensil pencil

*Gunakanlah **pensil** untuk menulis latihan itu.*

Use a **pencil** to write the exercise.

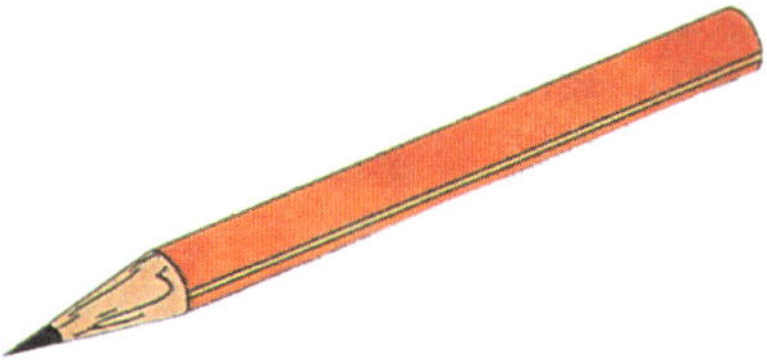

penting important

*Menggosok gigi setiap hari itu **penting**.*

It is **important** to brush our teeth every day.

penuh full

*Mangkuk Kiki **penuh** kacang.*

Mangkuk Koko kosong.

Chip's bowl is **full** of peanuts. Dale's bowl is empty.

penyu turtle

***Penyu** hidup di laut.*

Turtles live in the sea.

perabot furniture

*Desi membeli **perabot** baru, antara lain: meja, kursi, lemari, dan tempat tidur.*

Daisy bought new **furniture**. There are tables, chairs, cupboards, and beds.

perahu boat

*Donal mempunyai **perahu** baru.*
Donald has a new **boat**.

P

perang war
*Dia meninggal dalam **Perang** Dunia II.*
He died in World **War** II.

perangko stamp
*Tempelkan **perangko** di kartu pos itu.*
Put a **stamp** on the postcard.

percaya believe, trust
***Percaya**lah padaku.*
Believe me.
*Aku **percaya** kepadamu.*
I **trust** you.

percik, memercikkan splash
*Jangan **memercikkan** air, Kwik.*
Don't **splash** water, Huey.
***Memercikkan** air itu menyenangkan.*
Splashing water is fun.

perempuan lady, woman
☞ see **wanita**

pergi go
*Mereka **pergi** ke Bali.*
They **went** to Bali.
*Mari kita **pergi**.*
Let's **go**.

perkasa strong

*Menurutmu Gufi **perkasa**?*
Do you think Goofy is **strong**?

perlu, memerlukan need

*Aku **memerlukan** gunting untuk memotong tali ini.*
I **need** scissors to cut this rope.

permadani rug

*Dia duduk di atas **permadani** merah.*
She is sitting on the red **rug**.

permata jewel

*Peti itu penuh **permata**.*
The box is full of **jewels**.

permen candy

*Kwek dan Kwak ingin membeli **permen**, tetapi mereka tidak punya uang.*
Dewey and Louie wanted to buy **candies**, but they had no money.

permisi **1** excuse me. **2** permision.

*Dia bilang, " **Permisi**."*
He said, "**Excuse me**."
*Jangan masuk kamar seseorang tanpa **permisi**.*
Don't enter someone's room without asking **permission**.

pernah **1** once. **2** ever; (**tidak pernah** never)
*Aku **pernah** pergi ke Amerika.*
I **once** went to America.
*Jangan **pernah** memanggilku "baby".*
Don't **ever** call me "baby".
*Kwak **tidak pernah** berbohong.*
Louie **never** tells a lie.

persik peach
*Buah **persik** ini rasanya manis.*
These **peaches** taste sweet.

pertama first
*Ini **pertama** kalinya aku datang ke sini.*
This is the **first** time I come here.

pesan message, note; **pesanan** order

*Aku meninggalkan **pesan** untuknya.*
I left a **message** for him.
*Desi mendapat **pesan** di pintu.*
Daisy got a **note** on the door.
*Kami tidak menerima **pesanan**.*
We don't take **orders**.

pesawat ruang angkasa spaceship
*Gufi berada di dalam **pesawat ruang angkasa**.*
Goofy is in the **spaceship**.
☞ see **PESAWAT RUANG ANGKASA**

pesawat terbang plane, airplane

Paman Gober pergi ke Jepang naik ***pesawat terbang****.*
Uncle Scrooge went to Japan by **plane**.
Pesawat terbang *adalah mesin yang dapat terbang.*
Airplanes are machines that fly.

pesta party

Ini ***pesta*** *ulang tahun Pluto.*
This is Pluto's birthday **party**.

peta map

Miki melihat ***peta****.*
Mickey looked at the **map**.
Setiap kali dia pergi, dia selalu membawa ***peta*** *itu.*
Every time he goes away, he always brings the **map**.

petang evening

Aku tidak pergi keluar ***petang*** *ini.*
I didn't go out this **evening**.
Pluto minum susu setiap ***petang****.*
Pluto drinks milk every **evening**.

peti box, case, chest

Taruhlah mainanmu dalam ***peti*** *itu.*
Put your toys in that **box**.

*se**peti** buku*	***peti*** *harta karun*
a **case** of books	treasure **chest**

P
PESAWAT RUANG ANGKASA
SPACESHIP
helm
helmet
baju ruang angkasa
space suit
meteor
meteor
pe

matahari
sun
planet
planet
P
bintang
star
bumi
earth
vat ruang angkasa
spaceship
bulan
moon
astronaut
astronaut
komet
comet

P

petik, memetik pick
*Agus **memetik** apel.*
Gus is **picking** apples.

piama pajamas
*Tikus-tikus itu memakai **piama**.*
The mice are wearing **pajamas**.

piano piano

*Nenek bermain **piano** setiap sore.*
Grandma plays the **piano** every afternoon.

pikir think; **memikirkan** think about; **pikiran** mind
*Aku **pikir** kamu benar.*
I **think** you are right.
*Aku akan **memikirkan**nya.*
I'll **think about** it.
*Apa yang ada di **pikiran**mu?*
What is on your **mind**?

piknik, berpiknik have a picnic, go on a picnic
*Miki dan Mini sedang **berpiknik**.*
Mickey and Minnie are **having a picnic**.
*Mereka **berpiknik** sebulan sekali.*
They **go on a picnic** once a month.

pilih, memilih choose
*Kamu boleh **memilih** satu dari buku-buku cerita ini.*
You may **choose** one of these story books.

pilot pilot

*Donal menerbangkan pesawat. Dia seorang **pilot**.*
Donald flies an airplane. He is a **pilot**.

pimpin, memimpin lead; **pemimpin** leader
*Donal **memimpin** tim kami.*
Donald **leads** our team.
*Dia **pemimpin** tim kami.*
He is the **leader** of our team.

pindah, memindahkan move
*Kiki dan Koko **pindah** ke rumah baru.*
Chip and Dale **moved** to the new house.
*Mereka **memindahkan** meja makan ke dekat jendela.*
They **moved** the dining table toward the window.

pinjam, meminjam borrow; **meminjamkan, meminjami** lend
*Kamu bisa **meminjam** buku dari perpustakaan.*
You can **borrow** books from a library.
*Mini **meminjamkan** bonekanya kepadaku.*
Minnie **lent** me her doll.
*Dapatkah kau **meminjami**ku sepuluh dolar.*
Can you **lend** me ten dollars?

pintar bright, clever, smart
*Didi murid yang **pintar**.*
Didi is a **bright** student.
*Mereka anak-anak yang **pintar**.*
They are **clever** children.
*Kamu **pintar**.*
You are **smart**.

P

pintu door
*Dia menutup **pintu** itu.*
He closed the **door**.

pintu gerbang gate
*Tutuplah **pintu gerbang**.*
Close the **gate**, please.

pintu keluar exit

*Anjing itu berlari ke **pintu keluar** darurat.*
The dog ran to the emergency **exit**.

pintu masuk entrance
*Ada **pintu masuk** lain di sisi kiri gedung ini.*
There is another **entrance** on the left side of this building.

pipi cheek
*Mini mencium **pipi** kanan Miki.*
Minnie is kissing Mickey on his right **cheek**.
***Pipi** Gufi kotor.*
Goofy's **cheeks** are dirty.

pir pear
*Kami suka makan buah **pir**.*
We like to eat **pears**.

piring plate

***Piring**ku kosong.*
My **plate** is empty.

P

pisang banana
*Monyet-monyet ini makan **pisang**.*
The monkeys are eating **bananas**.

pisau knife

*Ini **pisau** Nenek.*
This is Grandma's **knife**.
***Pisau** ini sangat tajam.*
This **knife** is very sharp.

pita ribbon
*Desi suka **pita** merah.*
Daisy loves red **ribbons**.
*Gunakan **pita** untuk mengikat kotak itu.*
Use a **ribbon** to tie the box.

planet planet
*Apa nama **planet** itu?*
What is the name of the **planet**?
*Bumi ini sebuah **planet**.*
The earth is a **planet**.

pohon tree

***Pohon** ini sangat tua.*
This **tree** is very old.
*Tupai senang bermain di **pohon**.*
Squirrels like to play in **trees**.

P

pojok corner
*Gadis itu berdiri di **pojok** ruangan.*
The girl is standing at the **corner** of the room.

polisi police, police officer
*Donal pergi ke kantor **polisi**.*
Donald went to the **police** station.
*Pak Polo seorang **polisi**.*
Mr. Polo is a **police officer**.

popcorn popcorn
Kwik membeli apa? - *Dia membeli sekotak **popcorn**.*
What is Huey buying? - He is buying a box of **popcorn**.

populer popular
*Donal **populer** di antara teman-temannya.*
Donald is **popular** among his friends.
*Desi senang lagu-lagu **populer**.*
Daisy loves **popular** songs.

pos, mengeposkan mail (AE), post (BE)
*Aku akan **mengeposkan** surat-surat ini.*
I am going to **mail** these letters.
*Kamu harus **mengeposkan** kartu-kartu Natal ini.*
You must **post** these Christmas cards.

potong piece; **memotong** cut
*Aku makan se**potong** roti pagi ini.*
I ate a **piece** of bread this morning.
*Kamu harus **memotong** tali itu.*
You have to **cut** the rope.

potret photo(graph); **memotret** take a photograph
*Lihatlah **potret**ku ini.*
Look at my **photograph**.
*Ayah **memotret**ku ketika aku kecil.*
Father **took a photograph** of me when I was a child.

Prancis **1** France (country). **2** French (of France).
*Paris adalah ibu kota **Prancis**.*
Paris is the capital of **France**.
*bahasa **Prancis***
the **French** language
*bangsa **Prancis***
the **French** people/nation
*Apakah kamu dapat berbahasa **Prancis**?*
Do you speak **French**?

presiden president
*Yang kiri adalah **Presiden** George Washington.*
The one on the left is **President** George Washington.
*Yang kanan adalah **Presiden** Abraham Lincoln.*
The one on the right is **President** Abraham Lincoln.

pria man (men)
*Tuan Jones adalah **pria** yang baik.*
Mr. Jones is a good **man**.
*para **pria** dan wanita*
men and women

P

problem problem
***Problem**nya apa?*
What is the **problem**?

puji, memuji praise
*Mereka **memuji** keberanian Gufi.*
They **praised** Goofy for his bravery.

[1]**pukul** time; **pukul... tepat** o'clock
***Pukul** berapa sekarang?*
What **time** is it?
- ***Pukul** satu **tepat**.*
- It is one **o'clock**.

☞ see **jam**

P

²pukul, memukul hit

*Kwek **memukul** bola dan Mi mencoba menangkapnya.*
Dewey **hit** the ball and Mickey is trying to catch it.

pulang go home

*Mari kita **pulang**.*
Let's **go home**.

pulau island

*Donal berada di **pulau** terpencil.*
Donald is on a remote **island**.

puncak peak, top

***Puncak** gunung itu diselimuti salju.*
The mountain **peak** is covered with snow.
*Dia berdiri di **puncak** rumah.*
He is standing on **top** of the house.

punggung back

*Lihatlah **punggung**ku.*
Look at my **back**.

P

punya, mempunyai have; **kepunyaan** belong to

*Miki **mempunyai** sebuah kamera.*
Mickey **has** a camera.
*Tas ini **kepunyaan**ku.*
This bag **belongs to** me.
☞ see **milik**

pusat center

*sebuah **pusat** belanja*
a shopping **center**
*Menara itu berada di **pusat** kota.*
The tower is in the **center** of town.

pustaka, perpustakaan library

*Kembalikan buku itu ke **perpustakaan**.*
Return the book to the **library**.

putar, berputar turn

*Dia **memutar** anak kunci, lalu membuka pintu.*
She **turned** the key, and then opened the door.
*Mereka **berputar-putar**.*
They keep **turning** around.

putih white

*Mini memakai gaun **putih**.*
Minnie is wearing a **white** dress.
*Tembok itu dicat **putih**.*
The wall is painted **white**.

putri princess

*Cinderela seorang **putri**.*
Cinderella is a **princess**.
*Pangeran bertemu seorang **putri** yang cantik.*
The prince met a beautiful **princess**.

Q Q

***Q** adalah huruf ketujuh belas dalam abjad bahasa Indonesia.*

Q is the seventeenth letter of the Indonesian alphabet.

R

raba, **meraba** feel

*Aku **meraba** pipiku dengan tanganku.*

I **felt** my cheeks with my hands.

Rabu Wednesday

*Kami kursus bahasa Jerman setiap hari **Rabu**.*

We have a German lesson every **Wednesday**.

radio radio

*Matikan **radio** itu.*

Turn off the **radio**.

*Kami mendengarkan musik di **radio**.*

We listen to music on the **radio**.

rahasia secret

*Dapatkah kamu menyimpan **rahasia**?*

Can you keep a **secret**?

*Ada pintu **rahasia** di belakang rak buku ini.*

There is a **secret** door behind the bookshelf.

raih, **meraih** reach for
*Jangan **meraih** gelas itu, Kwik.*
Don't **reach for** the glass, Huey.

raja king

*Anda **raja** kami.*
You are our **king**.
*Singa adalah **raja** rimba.*
The lion is the **king** of the jungle.

rajin diligent
*Kwik, Kwek, dan Kwak murid yang **rajin.***
Huey, Dewey, and Louie are **diligent** students.

rak shelf
*Taruhlah buku itu di **rak**.*
Put the book on the **shelf**.

raksasa giant
***Raksasa** itu berdiri di sebelah apartemen kami.*
The **giant** is standing beside our apartment.

rambu sign

*Kamu tahu **rambu-rambu** lalu lintas ini?*
Do you know these road **signs**?

rambut hair
*Putri Salju memakai bando merah di **rambut**nya.*
Snow White has a red bandeau on her **hair**.
*Dia be**rambut** pendek.*
She has short **hair**.

R

rambut palsu wig
*Aktris itu senang memakai **rambut palsu**.*
The actress likes to wear **wigs**.
☞ see **wig**

rangkul, merangkul hug; **berangkulan** hug each other
*Dia **merangkul**ku dengan erat.*
She **hugged** me tightly.
*Mereka **berangkulan**.*
They are **hugging each other**.

rantai chain
*Mereka memperebutkan seutas **rantai**.*
They are fighting over a **chain**.

ranting stick, twig

*Kami akan membakar **ranting-ranting** kering ini.*
We are going to burn these dry **sticks**.
*Jangan potong **ranting-ranting** pohon itu.*
Don't cut the **twigs** off the tree.

rapat tight

*Kamu harus menutup kotak ini dengan penutup yang **rapat**.*

You must cover this box with a **tight** lid.

rasa taste; **merasa** feel

*Gufy membayangkan cake yang **rasa**nya enak sekali.*

Goofy is imagining a cake that **tastes** very delicious.

*Aku **merasa** bahagia di sini.*

I **feel** happy here.

R

rata smooth

*Kami bersepeda di jalan yang **rata**.*

We ride bicycles on a **smooth** road.

ratu queen

***Ratu** memakai mahkota.*

The **queen** wears a crown.

ratus hundred; **ratusan** hundreds of

*se**ratus***

a (one) **hundred**

*tiga **ratus***

three **hundred**

***ratusan** buku*

hundreds of books

rawat, **perawat** nurse

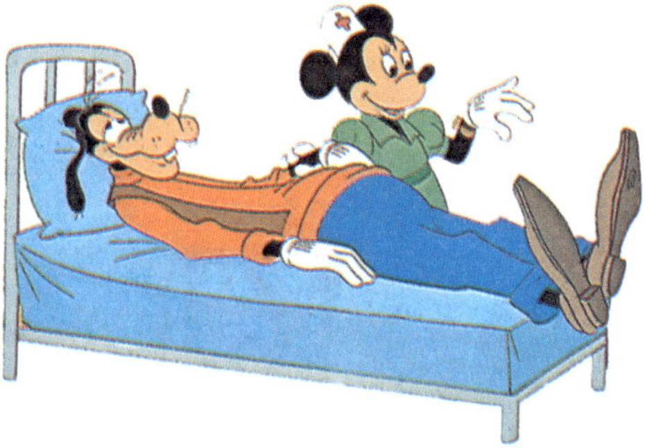

Mini bukan dokter.

*Dia seorang **perawat**.*

Minnie is not a doctor.

She is a **nurse**.

regu team
*Siapa ketua **regu**nya?*
Who is the leader of the **team**?
☞ see **tim**

rel kereta api railroad track
*Bermain di **rel kereta api** itu berbahaya.*
It is dangerous to play on the **railroad tracks**.

R

renang, berenang swim
*Donal **berenang** ke pantai.*
Donald is **swimming** to shore.
*Mereka senang **berenang** di danau.*
They like **swimming** in the lake.

rencana plan

*Kelinci memberitahu Pluto mengenai **rencana**nya.*
The rabbit told Pluto about his **plan**.

rendah low
*Kursi Kwik **rendah** sekali.*
Huey's chair is very **low**.

restoran restaurant

Mereka makan malam di ***restoran.***

They had dinner at the **restaurant.**

retak, **retakan** crack

Cermin Gufi ***retak.***

Goofy's mirror **cracked**.

Ada ***retakan*** *panjang di cermin itu.*

There is a long **crack** in the mirror.

ribu thousand
*Rumahnya berharga dua puluh **ribu** dolar.*
His house costs twenty **thousand** dollars.

ribut noisy
*Anak-anak selalu **ribut.***
Children are always **noisy.**
☞ see **bising**

ringan light

*Gufi **ringan** seperti bulu.*
Goofy is as **light** as a feather.

ritsleting zipper
*Jaket Miki ada **ritsleting**nya.*
There is a **zipper** in Mickey's jacket.

roda wheel

*Kereta punya empat **roda**.*
A wagon has four **wheels**.
***Roda** ini terbuat dari kayu.*
This **wheel** is made of wood.

rok skirt
*Mini punya **rok** yang bagus-bagus.*
Minnie has pretty **skirts**.

rokok, merokok smoke
*Paman Gober tidak **merokok**.*
Uncle Scrooge doesn't **smoke**.

rompi vest
*Donal memegang sebuah **rompi**.*
Donald is holding a **vest**.
***Rompi** milik siapa ini?*
Whose **vest** is this?

rontgen X-ray

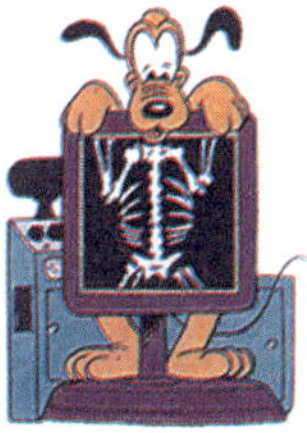

*Pluto memperlihatkan hasil **rontgen**nya.*
Pluto is showing his **X-ray**.

roti bread
*Kami makan seiris **roti** setiap pagi.*
We eat a slice of **bread** every morning.

ruang room
*Mereka di **ruang** keluarga.*
They are in the living **room**.
☞ see **RUANG KELUARGA**

rubah fox
***Rubah** adalah binatang buas.*
A **fox** is a wild animal.

R

RUANG KELUARGA LIVING ROOM

R
ibu
mother
tirai
curtain
foto, gambar
picture
bantal
pillow
sofa
sofa
lampu
lamp
meja
table
bayi
baby
boneka beruang
teddy bear

rumah **1** home. **2** house.
*Mereka tinggal di **rumah** pada hari Minggu.*
They stay at **home** on Sundays.
*Ini **rumah** Mini.*
This is Minnie's **house**.

tepian atap
caves

jendela
window

cerobong asap
chimney

atap
roof

pintu
door

kunci
key

daun jendela
shutter

dinding
wall

kenop pintu
doorknob

balkon
balcony

garasi
garage

rumah sakit hospital

*Dokter dan perawat bekerja di **rumah sakit**.*
Doctors and nurses work at the **hospital**.

rumput grass

*Donal memotong **rumput**.*
Donald is cutting **grass**.

rumput laut seaweed

***Rumput laut** tumbuh di laut.*
Seaweed grows in the sea.

runcing sharp
*Berilah aku sebatang jarum yang **runcing**.*
Give me a **sharp** needle.

rupa, serupa same, similar
*Baju kalian tampak **serupa**.*
Your clothes look the **same**.
*Sepatuku **serupa** dengan sepatumu.*
My shoes are **similar** to your shoes.

R

rusa deer
***Rusa** makan rumput.*
A **deer** eats grass.

rusak, kerusakan breakdown
*Perahu Donal mengalami **kerusakan**. Dia terpaksa berenang ke pantai.*
Donald's boat had a **breakdown.** He had to swim to shore.

saat moment; **sesaat lagi** in a moment

*Dia sedang tidur pada **saat** itu.*
He was sleeping at that **moment**.
*Ayahku akan kembali **sesaat lagi**.*
My father will come back **in a moment**.

Sabtu Saturday

*Donal tidak bekerja pada hari **Sabtu**.*
Donald doesn't go to work on **Saturday**.

sabun soap

***Sabun** mereka harum.*
Their **soap** smells good.

sains science

***Sains** dapat membuat kehidupan manusia lebih baik.*
Science can make human life better.

saji, **menyajikan** serve

*Sup **disajikan** dengan mangkuk.*
Soup is **served** in bowls.

sakit hurt, ill, pain, sick; **kesakitan** in pain

*Sikunya **sakit**.*
Her elbow **hurts**.
*Miki berbaring di tempat tidur karena dia **sakit**.*
Mickey is lying in bed because he is **ill**.

S

*Anak yang sedang **sakit** itu Wini.*
The **sick** child is Winnie.
*Kakek merasa punggungnya **sakit**.*
Grandpa felt a **pain** in his back.
*Dia **kesakitan**.*
He was **in pain**.

saku pocket

*Miki menyimpan uangnya di **saku**nya.*
Mickey put his money in his **pocket**.
*Celana panjang Miki ber**saku** dua.*
There are two **pockets** in Mickey's trousers.

salad salad

*Klarabela senang makan **salad** buah.*
Clarabelle likes to eat fruit-**salad**.
*Ada bermacam-macam buah dalam **salad** itu.*
There are many kinds of fruit in the **salad**.

salah wrong; **kesalahan** mistake

*Jawabanmu **salah**.*
Your answer is **wrong**.
*Aku membuat banyak **kesalahan** dalam latihan itu.*
I made a lot of **mistakes** in the exercises.

S

salju snow

*Mereka membersihkan **salju** di jalan.*
They cleared the **snow** from the road.

salur, **saluran** line

*Di rumahku hanya ada satu **saluran** telepon.*
There is only one telephone **line** in my house.

[1]sama equal, the same; **sama...dengan** as...as

*Mereka masing-masing mendapat bagian yang **sama**.*
Each of them got an **equal** part.

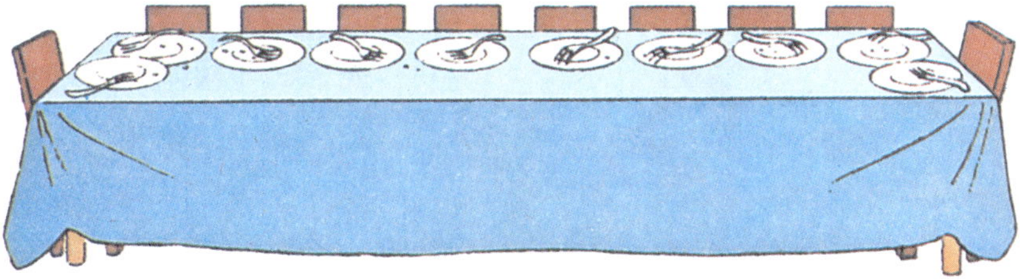

Kedua badut itu tampak ***sama****.*
The two clowns look **the same**.
Kedua kata itu punya arti ***sama****.*
The two words have **the same** meaning.
Rumahnya ***sama*** *besarnya* ***dengan*** *rumahku.*
His house is **as** big **as** my house.

[2]sama, **bersama** with; **bersama-sama** together

Aku ***bersama****nya kemarin.*
I was **with** her yesterday.
Kwik, Kwek, dan Kwak selalu bekerja ***bersama-sama****.*
Huey, Dewey, and Louie always work **together**.

sampai **1** arrive. **2** reach. **3** till, to, until.
Kami ***sampai*** *rumah pukul sebelas.*
We **arrived** home at eleven.
Aku ***sampai*** *di Jakarta kemarin.*
I **reached** Jakarta yesterday.

Dia menunggumu ***sampai*** *jam sembilan.*
He waited for you **till** nine o'clock.
Kwak dapat menghitung dari satu ***sampai*** *seribu.*
Louie can count from one **to** a thousand.
Gufi dan Klarabela menari ***sampai*** *pesta itu selesai.*
Goofy and Clarabelle danced **until** the party was over.

samping, di samping 1 beside. 2 next to.
*Rumah Pluto **di samping** rumah Miki.*
Pluto's house is **beside** Mickey's.
*Siapa yang berdiri **di samping** topi itu?*
Who is standing **next to** the hat?

sampo shampoo
*Titi mencuci rambutnya dengan **sampo**.*
Titi is washing her hair with **shampoo**.

samudera ocean

***Samudera** Indonesia*
the Indonesian **Ocean**
***Samudera** Pasifik*
the Pacific **Ocean**

S

sana there
*Di **sana**.*
Over **there.**
*Mari kita pergi ke **sana** sekarang.*
Let's go **there** now.

sandal slipper
*Desi mempunyai sepasang **sandal**.*
Daisy has a pair of **slippers**.

sandar, **bersandar** lean

Agus tidur dengan ***bersandar*** *pada pohon.*
Gus is sleeping by **leaning** against the tree

sandwich sandwich

Klarabela membuat ***sandwich*** *untuk Kiki dan Koko.*
Clarabelle made a **sandwich** for Chip and Dale.
Sandwich *itu tampaknya lezat sekali.*
The **sandwich** looks very delicious.

sangat badly, very

Aku ***sangat*** *merindukan Ibu.*
I miss Mother **badly**.
Mereka ***sangat*** *bahagia.*
They are **very** happy.
Paman Gober ***sangat*** *kaya.*
Uncle Scrooge is **very** rich.

sangkar cage

Ada dua burung di dalam ***sangkar*** *itu.*
There are two birds in the **cage**.

santap, **bersantap** eat

Donal dan Desi ***bersantap*** *bersama.*
Donald and Daisy are **eating** together.

☞ see **makan**

sapi cow

*Nenek mempunyai dua ekor **sapi**.*
Grandma has two **cows**.
***Sapi-sapi** itu memberinya susu setiap hari.*
The **cows** give her milk every day.

sapu broom; **menyapu** sweep

*Mini mengambil **sapu** dari tempat penyimpanan.*
Minnie is getting a **broom** from the storeroom.

*Miki **menyapu** lantai.*
Mickey is **sweeping** the floor.

sapu tangan handkerchief

*Desi menghapus air matanya dengan **sapu tangan**.*
Daisy is wiping her tears away with a **handkerchief**.

sarang nest

*Burung bertelur di **sarang**.*
A bird lays eggs in a **nest**.

sarapan breakfast
*Mereka **sarapan** hot dog pagi ini.*
They had a hot dog for **breakfast** this morning.
☞ see **makan pagi**

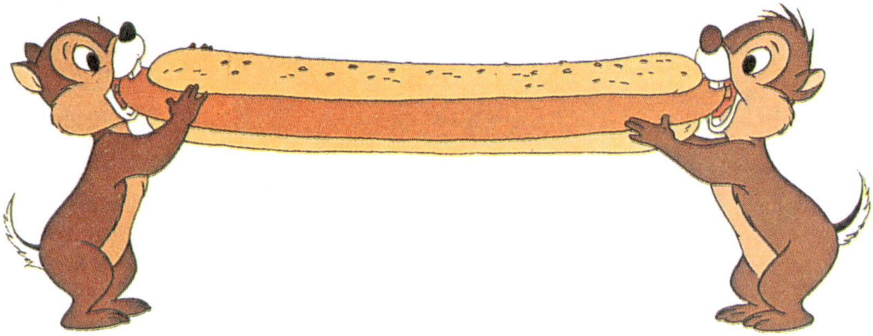

S

sari buah juice
*Minumlah segelas **sari buah** setiap hari.*
Please take a glass of **juice** every day.
☞ see **jus**

sarung tangan glove

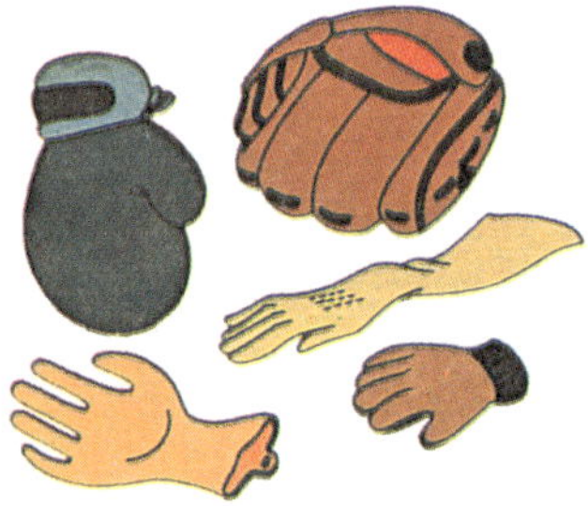

*Ada berbagai macam **sarung tangan**.*
There are many kinds of **gloves**.
*sepasang **sarung tangan** tinju*
a pair of boxing **gloves**

satu 1 a, an. 2 one; **satu-satunya** only
***satu** anjing* ***satu** apel*
a dog **an** apple
*Mereka masuk kelas **satu** per **satu**.*
They go into the classroom **one** by **one**.
*Dia **satu-satunya** anak dalam keluarga itu.*
She is an **only** child in the family.

saudara laki-laki brother

*Didi **saudara laki-laki** Titi.*

Didi is Titi's **brother**.

saudara perempuan sister

*Titi **saudara perempuan** Didi.*

Titi is Didi's **sister**.

*Didi menyayangi **saudara perempuan**nya.*

Didi loves his **sister**.

saya I

***Saya** Miki.*

I am Mickey.

***Saya** tinggal di Disneyland.*

I live in Disneyland.

☞ see **aku**

sayang **1** darling, dear. **2** love; **menyayangi** love; **kesayangan** favorite

*Kemarilah, **sayang**.*

Come here, **darling**.

*Ayahku **sayang**,....*

My **dear** father,....

*Aku **sayang** padanya.*

I **love** her.

*Nenek **menyayangi** cucu-cucunya.*

Grandma **loves** her grandchildren.

*Itu lagu **kesayangan**ku.*

That is my **favorite** song.

sayap wing

*Burung punya **sayap**.*

Birds have **wings**.

sayur, sayuran vegetables

*Mereka menanam **sayuran**.*

They planted **vegetables**.

sebab because
Kwik tidak pergi ke sekolah ***sebab*** *ia sakit perut.*
Huey didn't go to school **because** he got a stomachache.
☞ see **karena**

sebelas eleven

Ada ***sebelas*** *burung.*
There are **eleven** birds.

S

sebentar a minute, a moment
Tunggulah ***sebentar****.*
Wait **a minute**, please.
(Wait **a moment**, please.)
Dia akan kembali ***sebentar*** *lagi.*
He will be back in **a minute**.
(He will be back in **a moment**.)

seberang, **menyeberang**, **menyeberangi** cross
Berhati-hatilah bila kamu ***menyeberang*** *jalan.*
Be careful when you **cross** a street.
Kita harus ***menyeberangi*** *sungai itu.*
We have to **cross** the river.

sedih sad
Badut itu kelihatan ***sedih****.*
The clown looks **sad**.

sedikit few, little, some
Dia hanya mengundang ***sedikit*** *orang.*
He only invited **few** people.
Uangku tinggal ***sedikit.***
I have **little** money left.
Tikus itu selalu minum ***sedikit.***
The mouse always drinks a **little**.
Aku perlu ***sedikit*** *air.*
I need **some** water.

S

sedot, **sedotan** straw
Minumlah limun itu dengan ***sedotan.***
Drink the lemonade through a **straw**.
Di mana ***sedotan****nya?*
Where is the **straw**?

segala, **segalanya** everything
Uang itu penting, tetapi bukan ***segalanya.***
Money is important, but it is not **everything**.

segar fresh
Aku ingin membeli buah ***segar.***
I want to buy **fresh** fruit.
Klarabela membeli sayuran ***segar*** *di pasar.*
Clarabelle buys **fresh** vegetables in the market.

segera soon
*Dia akan **segera** kembali.*
He'll come back **soon**.

sehat healthy; **kesehatan** health
*Morti dan Ferdi **sehat**.*
Morty and Ferdy are **healthy**.
*Mereka selalu menjaga **kesehatan** mereka.*
They always take care of their **health**.

sejak since
*Dia tinggal di Jepang **sejak** 1985.*
She has been living in Japan **since** 1985.
*Aku belum makan nasi **sejak** kemarin.*
I haven't eaten rice **since** yesterday.

sejuk cool
*Ruangan ini **sejuk**.*
This room is **cool**.
*Udara **sejuk** di pagi hari.*
It is **cool** in the morning.

seka, **menyeka** wipe

*Miki **menyeka** wajahnya dengan handuk.*
Mickey is **wiping** his face with a towel.

sekali badly, very

*Aku kangen **sekali** pada mereka.*
I miss them **badly**.
*Telinganya besar **sekali**.*
His ears are **very** big.
☛ see **sangat**

sekarang now

*Kamu harus pergi **sekarang**.*
You have to go **now**.

sekolah school

*Mereka pergi ke **sekolah**.*
They are going to **school**.

sekop shovel

*Beruang itu akan menggali lubang dengan **sekop**.*
The bear is going to dig a hole with a **shovel**.

selai jam
*Aku suka **selai** nanas.*
I like pineapple **jam**.

selalu always
*Donal **selalu** bangun terlambat.*
Donald **always** wakes up late.

selam, **menyelam** dive
*Mereka akan **menyelam** ke dalam air.*
They will **dive** into the water.

selamat **1** congratulations. **2** safe; **menyelamatkan** save
*Hari ini ulang tahunmu? **Selamat** ya!*
It's your birthday? **Congratulations**!
*Dia **selamat.***
He is **safe.**
*Polisi **menyelamatkan** jiwanya.*
The police **saved** his life.

selamat datang welcome
***Selamat datang** di rumahku.*
Welcome to my house.

selamat jalan good-bye
*Mereka mengucapkan **selamat jalan.***
They said ***good-bye.***
***Selamat jalan**, teman-teman. Sampai bertemu lagi.*
Good-bye, friends. See you again.

S

selamat tinggal good-bye
*Mereka mengucapkan **selamat tinggal**.*
They said **good-bye**.

Selasa Tuesday
*Kamu pergi ke mana hari **Selasa** yang lalu?*
Where did you go last **Tuesday**?

selatan south
*Dia berjalan ke arah **selatan**.*
He walked **south**.
*Kutub **Selatan***
South Pole

selera taste
*Desi sedang sakit. **Selera** makannya hilang.*
Daisy is sick. She has no **taste** for food.

selesai over; **menyelesaikan** finish
*Bel berbunyi dan sekolah **selesai**.*
The bell is ringing and school is **over**.
*Para siswa **menyelesaikan** pekerjaan mereka tepat pada waktunya.*
The students **finished** their work on time.

selimut blanket
*Siapa yang tidur di bawah **selimut** itu?*
Who is sleeping under the **blanket**?
***Selimut** dapat menghangatkan kita.*
A **blanket** can keep us warm.

seluruh all
*Aku kehilangan **seluruh** uangku.*
I lost **all** my money.

semak, **semak-semak** bush
*Orang-orang kerdil itu memangkas **semak-semak**.*
The dwarfs are pruning the **bushes**.

semangka watermelon
*Gufi suka **semangka**.*
Goofy likes **watermelons**.

semat, menyematkan pin
__Sematkan__ sekuntum anggrek di gaun panjangmu.
Pin an orchid on your gown.

sembilan nine
Gufi mendapat __sembilan__ bola.
Goofy got **nine** balls.

sembilan belas nineteen
Ini __sembilan belas__ daun.
These are **nineteen** leaves.

sembilan puluh ninety
Dia berumur __sembilan puluh__ tahun.
He is **ninety** years old.

sembunyi, bersembunyi hide

Paman Donal datang. Mari kita __bersembunyi__.
Uncle Donald is coming. Let's **hide**.

sementara while
Gufi menyiapkan cetakan __sementara__ Desi membaca resep.
Goofy is preparing the mold **while** Daisy is reading the recipe.

sempat, **kesempatan** chance
*Itu **kesempatan** bagus untuk melatih bahasa Inggrismu.*
That is a good **chance** to practice your English.
*Ambillah **kesempatan** itu.*
Take that **chance**.

sempit **1** narrow. **2** tight.
*Donal mengendarai mobil melalui jembatan yang **sempit**.*
Donald drove a car through a **narrow** bridge.
*Celana panjang itu terlalu **sempit** untukku.*
The trousers are too **tight** for me.

semua all
*Kwik mengambil **semua** permen itu.*
Huey took **all** the candies.
*Kalian **semua** harus sekolah.*
All of you must go to school.

semut ant
***Semut-semut** itu akan makan sandwich.*
The **ants** are going to eat the sandwich.

senam exercise
*Klarabela **senam** setiap pagi.*
Clarabelle does **exercises** every morning.

senang **1** glad, happy. **2** like; **menyenangkan** fun, nice, pleasant; **menyenangkan sekali** great, wonderful

*Aku **senang** sekali menerima suratmu.*
I'm very **glad** to receive your letter.
*Dia akan **senang** tinggal bersamamu.*
She will be **happy** to stay with you.
*Miki **senang** main golf.*
Mickey **likes** playing golf.

*Itu pesta yang **menyenangkan**.*
It was a **fun** party.
*Titi ramah dan **menyenangkan**.*
Titi is friendly and **nice**.
*Ini hari yang **menyenangkan** untuk bermain golf.*
It is a **pleasant** day for playing golf.
*Aku punya kabar yang **menyenangkan sekali** untukmu.*
I have **great** news for you.
*Ini tempat yang **menyenangkan sekali**.*
It is a **wonderful** place.

sendiri, **sendirian** alone

*Mini duduk **sendirian**.*
Minnie is sitting **alone**.

sendok spoon

*Ini sebuah **sendok**.*
It is a **spoon**.
***Sendok** ini kepunyaan Miki.*
The **spoon** belongs to Mickey.

seni art

*Dia belajar di sebuah sekolah **seni**.*
He studies in an **art** school.
***seni** melukis*
the **art** of painting

Senin Monday

Hari apa ini? — *- Hari **Senin**.*
What day is today? — - It is **Monday**.

sentuh, menyentuh touch

*Jangan **sentuh** rambutmu, Kwak.*
Don't **touch** your hair, Louie.

senyum, tersenyum smile

***senyum** manis*
a nice **smile**
*Kucing ini **tersenyum**.*
This cat is **smiling**.

sepatu shoe

*Lepaskan **sepatu**mu bila kamu masuk.*
Take off your **shoes** when you come in.

sepeda bicycle

*Kwik mengendarai **sepeda**nya.*
Huey is riding his **bicycle**.

seperti like
*Aku tidak suka nangka, persis **seperti** kamu.*
I don't like jackfruit, just **like** you.

sepi quiet
*Tempat ini **sepi** sekali.*
This place is very **quiet**.

seprai sheet
*Taruhlah **seprai** itu di mesin cuci.*
Put the **sheet** in the washing machine.

S

September September
***September** adalah bulan kesembilan.*
September is the ninth month of the year.

sepuluh ten
*Ada **sepuluh** wajah. Kamu kenal mereka?*
There are **ten** faces. Do you know them?

sepupu cousin
*Gadis itu **sepupu** Didi.*
The girl is Didi's **cousin**.

serangga insect
***Serangga** tidak bertulang.*
Insects have no bones.
☞ see **SERANGGA**

serigala wolf

***Serigala** itu mencari tiga babi kecil.*

The **wolf** is looking for three little pigs.

sering often

*Donal dan Desi **sering** pergi berjalan-jalan.*

Donald and Daisy **often** go for a walk.

serta and

*Aku ingin mengundang Kiki **serta** Koko untuk makan malam.*

I want to invite Chip **and** Dale for dinner.

☞ see **dan**

SERANGGA INSECT

labah-labah
spider
capung
dragonfly
lebah
bee
kepik
ladybug
ulat
caterpillar
semut
ant
S

sikat brush

Tikus-tikus itu membawa ***sikat****.*
The mice are bringing **brushes**.

sikat gigi toothbrush

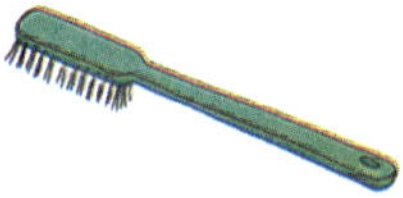

Bersihkan gigimu dengan ***sikat gigi****.*
Clean your teeth with a **toothbrush**.

sila, **silakan** please

Silakan *duduk.*
Please sit down.
Silakan *masuk.*
Come in, **please**.

simpan, **menyimpan** **1** keep. **2** store.

Kamu boleh ***menyimpan****nya kalau kamu mau.*
You can **keep** it if you want to.
Nenek ***menyimpan*** *persediaan makanan di gudang.*
Grandma **stores** food supplies in the pantry.

simpul knot

Bukalah ***simpul*** *itu.*
Untie the **knot**.

sinar ray; **bersinar** shine

sinar *matahari*
sun**ray**
Matahari ***bersinar*** *terang.*
The sun is **shining** brightly.

sinar-X X-ray
Pluto menjalani pemeriksaan dengan ***sinar-X****.*
Pluto is going through an **X-ray** examination.
☞ see **rontgen**

singa lion

Singa *itu sangat cerdik.*
The **lion** is very clever.
Singa *mempunyai surai di kepala dan bahunya.*
A **lion** has hair over the head and shoulders.

sini, di sini here
Dia hidup bahagia ***di sini****.*
She lives happily **here**.
Teman-temannya tinggal ***di*** *dekat* ***sini****.*
Her friends live near **here**.

siput snail
Desi menemukan seekor ***siput*** *kecil.*
Daisy found a little **snail**.

sirkus circus
Kami akan melihat ***sirkus*** *hari Minggu nanti.*
We are going to see the **circus** on Sunday.

sisir, **menyisir** comb
*Di mana **sisir**mu?*
Where is your **comb**?
*Ibu **menyisir** rambutku setiap pagi.*
Mother **combs** my hair every morning.

siswa student, pupil
*Kakakku **siswa** sekolah menengah pertama.*
My older brother is a (junior) high school **student**.
*Para **siswa** memakai seragam sekolah setiap hari.*
The **pupils** wear school uniforms every day.

siul, **bersiul** whistle
*Anak-anak itu dapat **bersiul**.*
Those children can **whistle**.

skateboard skateboard
*Anak-anak senang bermain **skateboard**.*
Children like to play **skateboard**.

ski, **bermain ski** ski
*Mereka **bermain ski** menuruni bukit.*
They are **skiing** down a hill.

skor score

*Nenek mencatat **skor** kami dengan cermat.*
Grandma wrote down our **scores** carefully.

soal problem
*Kalian harus menyelesaikan **soal-soal** ini.*
You must solve these **problems**.

sofa sofa
*Ini **sofa** baruku.*
This is my new **sofa**.
***Sofa** ini nyaman sekali.*
The **sofa** is very comfortable.

sopan polite
*Kita harus selalu **sopan** kepada siapa saja.*
We should always be **polite** to everyone.

sopir driver
*Dia seorang **sopir** bus.*
He is a bus **driver**.

sorak-sorai, **bersorak-sorai** cheer
*Mereka **bersorak-sorai** setiap kali Gufi melintas di lintasan.*
They **cheered** every time Goofy passed by the track.

sore afternoon, (hour) p.m.
*Selamat **sore**, anak-anak.*
Good **afternoon**, kids.
*Aku pulang jam 5.30 **sore**.*
I go home at 5.30 **p.m**.

stasiun station
*Kami menunggu kereta api di **stasiun**.*
We are waiting for the train at the **station**.

stroberi strawberry
*Desi membeli sebotol selai **stroberi**.*
Daisy bought a jar of **strawberry** jam.

suami husband
*Mereka **suami**-istri.*
They are **husband** and wife.

suara sound, voice; **bersuara** have a voice
*Aku mendengar **suara-suara** aneh dari kamar itu.*
I heard strange **sounds** from that room.
*Kau dengar **suara**ku?*
Can you hear my **voice**?
*Pluto **bersuara** nyaring.*
Pluto **has a** loud **voice**.
*Burung kenari itu **bersuara** merdu.*
The canary **has a** sweet **voice**.

suatu, **sesuatu** anything, something
*Aku tidak mengatakan **sesuatu**.*
I didn't say **anything**.
*Kemarilah. Aku akan memberitahumu **sesuatu**.*
Come here, please. I'll tell you **something**.

sudah already; **sesudah** after

*Pergilah tidur. Ini **sudah** tengah malam.*
Go to bed. It is **already** midnight.
*B **sesudah** A.*
B comes **after** A.
*Kalian ulangi **sesudah** saya.*
Repeat **after** me.

sudut corner

*Bola itu menggelinding ke **sudut** jalan.*
The ball is rolling to the **corner** of the street.

suka like

*Mini **suka** musik.*
Minnie **likes** music.

sukar hard, difficult

☞ see **sulit**

sulap magic; **pesulap** magician

*Miki mempunyai sebuah tongkat **sulap**.*
Mickey has a **magic** wand.
*Miki seorang **pesulap**.*
Mickey is a **magician**.

sulit difficult, hard; **kesulitan** difficulty, trouble

*Tes itu **sulit** sekali.*
The test was very **difficult**.
*Uang **sulit** didapat.*
Money is **hard** to get.
*Aku mengerjakan tes itu tanpa **kesulitan**.*
I did the test without any **difficulty**.
*Ada **kesulitan** membersihkan lantai itu, Miki?*
Do you have any **trouble** cleaning the floor, Mickey?

sungai river

__Sungai__ itu dangkal.
The **river** is shallow.

sungguh indeed, quite, really

*Biaya hidup di Jakarta **sungguh** mahal.*
The cost of living in Jakarta is **indeed** expensive.
*Hari ini **sungguh** panas.*
It is **quite** hot today.
*Aku **sungguh** tidak tahu dia.*
I **really** don't know him.

sungguh-sungguh indeed, seriously

*Mereka **sungguh-sungguh** sangat bahagia.*
They are very happy **indeed**.
*Kwak belajar dengan **sungguh-sungguh**.*
Louie studied **seriously**.

sup soup

Soup *ini lezat sekali.*
This **soup** is very delicious.

surat letter, mail
*Nenek mendapat **surat** dari Kwik.*
Grandma got a **letter** from Huey.
*Tidak ada **surat** hari ini.*
There is no **mail** today.

S

surat kabar newspaper
*Paman Gober sedang membaca **surat kabar**.*
Uncle Scrooge is reading a **newspaper**.

susu milk
*Aku suka **susu**.*
I like **milk**.

sutradara director
*Dia **sutradara** film itu.*
He is the **director** of the film.

sweter sweater

*Udara sangat panas. Copotlah **sweter**mu.*
It's very hot. Take off your **sweater**.
*Ini **sweter** Gufi.*
This is Goofy's **sweater**.

taat obey
*Kita harus **menaati** hukum.*
We must **obey** the laws.
***Taati**lah orangtuamu.*
Obey your parents.

tabrak, menabrak hit, strike
*Mobilnya **menabrak** tiang lampu.*
His car **hit** a lamppost.
*Sepeda Kwik **menabrak** pagar.*
Huey's bicycle **struck** the fence.

tabung, menabung save

***Tabunglah** uang logammu dalam celengan.*
Save your coins in the piggy bank.
*Kamu sebaiknya mulai **menabung**.*
You should start to **save**.

tahu know
*Kamu **tahu** nomor teleponnya?*
Do you **know** her telephone number?
- Tidak.
- No, I don't

T

tahun year
*Kami merayakan **Tahun** Baru.*
We celebrated the New **Year**.

T

tajam sharp
*Desi punya pisau yang sangat **tajam**.*
Daisy has a very **sharp** knife.

taksi taxi
*Donal akan naik **taksi**.*
Donald will take a **taxi**.

takut afraid, frightened, scared; **menakutkan** fearful, frightening, scare; **ketakutan** fear
*Jangan **takut**.*
Don't be **afraid**.

Klarabela ***takut*** *akan labah-labah.*
Clarabella is **frightened** of spiders.
Kamu ***takut****?*
Are you **scared**?
Itu malam yang ***menakutkan****.*
It was a **fearful** night.
Miki bermimpi ***menakutkan****.*
Mickey had a **frightening** dream.

Malam yang gelap ***menakutkan*** *Miki.*
The dark night **scared** Mickey.
Dia sangat ***ketakutan*** *malam itu.*
He had a great **fear** that night.

T

tali rope, string
Dia terlilit ***tali****.*
He is tied up with **string**.

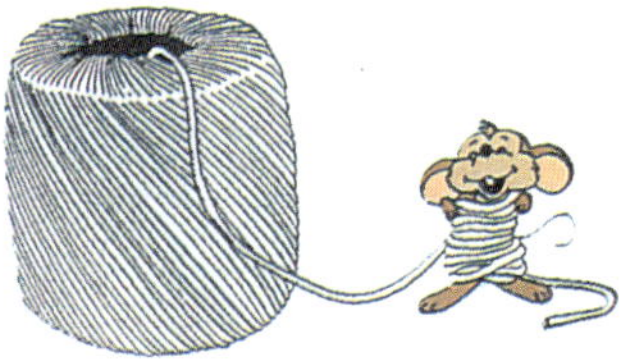

Mereka menarik seutas ***tali*** *panjang.*
They are pulling a long **rope**.

taman park
Kami sering berjalan-jalan di ***taman*** *itu.*
We often take a walk in the **park**.

TAMAN BERMAIN   PLAYGROUND

Anak-anak bermain di ***taman bermain***.
Children are playing in the **playground**.

ayunan
swing
panjatan
jungle gym
T
bola
ball
bak pasir
sandbox
tongkat pemukul
bat
benteng
fort
boneka
doll
sekop
shovel
balok
block(s)

tambah, **menambahkan** add
*Dia **menambahkan** sedikit air ke dalam bubur.*
She **added** a little water to the porridge.
*Aku **menambahkan** terlalu banyak garam ke dalam sup.*
I **added** too much salt to the soup.

tampak look; **tampaknya** seem
*Kamu **tampak** lebih sehat hari ini.*
You **look** better today.
***Tampaknya** dia marah.*
He **seems** to be angry.
☞ see **kelihatan**

T

tampan handsome

*Apakah aku kelihatan **tampan**?*
Do I look **handsome**?
- Ya, kamu kelihatan sangat **tampan**.
- Yes, you look very **handsome**.

tamu guest, visitor
*Siapa **tamu**nya?*
Who are the **guests**?
- ***Tamu**nya adalah Gufi, Klarabela, dan Mini.*
- The **guests** are Goofy, Clarabelle, and Minnie.

*Miki ada **tamu** hari ini.*
Mickey had **visitors** today.

tanah earth, ground, soil
*Isilah pot itu dengan **tanah**.*
Fill the pot with **earth**.
***Tanah** ini subur.*
The **soil** is fertile.

*Miki menggali **tanah** menggunakan sekop.*
Mickey is digging the **ground** with a shovel.

tanah pertanian farm
☞ see **TANAH PERTANIAN**

T

tanam, menanam, tanaman plant

*Mini **menanam** sebatang pohon di kebun.*
Minnie **planted** a tree in the garden.
*Dia menyukai **tanaman**.*
She loves **plants**.

tanda sign
*Kamu bisa membaca **tanda** itu?*
Can you read the **sign**?
☞ see **rambu**

tanding, pertandingan match
*Siapa pemenang dalam **pertandingan** tinju itu?*
Who is the winner of the boxing **match**?

TANAH PERTANIAN FARM

Ini ***tanah pertanian*** *Nenek.*
This is Grandma's **farm.**

gudang
barn
kincir angin
windmill
gudang
makanan
ternak
silo
sapi
cow
kambing
goat
anak sapi
calf
jerami
hay
ember
pail
ayam betina
hen
jagung
corn
palungan
trough
anak ayam
chick

T

tangan hand

*Kamu punya berapa **tangan**?*
How many **hands** do you have?
*Aku menulis dengan **tangan** kananku.*
I write with my right **hand**.

tangga **1** ladder. **2** stair.

*Kiki dan Koko menaiki **tangga**.*
Chip and Dale are climbing the **ladder**.
*Mereka turun **tangga**.*
They are going down the **stairs**.

T

tanggal date

***tanggal** kelahiran*
date of birth
*Surat ini tidak ada **tanggal**nya.*
This letter has no **date** on it.

tangis, menangis cry

*Kwik **menangis**.*
Huey is **crying**.

tangkap, menangkap catch

*Nenek **menangkap** bola.*
Grandma **caught** the ball.
*Kucing itu **menangkap** seekor tikus.*
The cat **caught** a mouse.

tani, petani farmer

*Pak Kumis seorang **petani**.*
Mr. Kumis is a **farmer**.

tanpa without

*Dia pergi **tanpa** pamit.*
He left **without** saying goodbye.
*Jangan pergi keluar **tanpa** payung.*
Don't go out **without** an umbrella.

tante aunt

*Wanita berbaju merah itu **tante**ku.*
The lady in red is my **aunt**.
***Tante**ku sangat baik hati.*
My **aunt** is very kind.

tanya, bertanya ask; **pertanyaan** question

*Jangan **bertanya** padaku.*
Don't **ask** me a question.
*Jawablah **pertanyaan-pertanyaan** ini.*
Please answer these **questions**.

tari, menari dance; **penari** dancer

*Mereka menyanyi dan **menari**.*
They are singing and **dancing**.
*Mini ingin menjadi **penari**.*
Minnie wants to be a **dancer**.

tarik, menarik 1 interesting. **2** pull.
Gambar-gambar ini sangat ***menarik****.*
The pictures are very **interesting**.
Jangan ***menarik*** *kuda itu.*
Don't **pull** the horse.

tas bag
Aku memasukkan dompetku ke dalam ***tas****.*
I put my wallet in the **bag**.

tawa laughter; **tertawa** laugh; **menertawakan** laugh at; **tertawa geli** giggle

Kau dengar ***tawa*** *mereka?*
Did you hear their **laughter**?
Kiki dan Koko ***tertawa*** *gembira.*
Chip and Dale are **laughing** happily.

Apa yang kalian ***tertawakan****?*
What are you **laughing at**?
Mini ***tertawa geli****.*
Minnie is **giggling**.

teater theater
Mereka berada di gedung ***teater****.*
They are at the **theater**.
☞ **see TEATER**

tebak, menebak guess
__Tebak__lah harga sepatu ini.
Guess what the shoes cost.
Aku __menebak__ usiamu 10 tahun.
I **guess** your age at 10.

tebal thick
Buku-buku __tebal__ ini sangat berat.
These **thick** books are very heavy.

tebing curam cliff
Bermain di __tebing curam__ sangat berbahaya.
It is dangerous to play on a **cliff**.

tegur, menegur **1** address. **2** scold.
Dia __menegur__ku dengan ramah.
She **addressed** me in a friendly way.
Ibu __menegur__ku karena aku bangun terlambat.
Mother **scolded** me for getting up late.

TEATER THEATER
T
bayang-bayang
shadow
pemain pengganti
stunt man
tali
rope
peralatan pentas
prop
pemain musik pengiring
accompanist

aktris
actress
birai
railing
tirai
curtain
sutradara
director
T
aktor
actor
pengeras suara
megaphone
DIRECTOR
naskah
script
panggung
stage
penonton
audience

teh tea

*Paman Gober minum secangkir **teh** setiap pagi.*
Uncle Scrooge drinks a cup of **tea** every morning.

teka-teki puzzle

*Kwik, Kwek, dan Kwak suka **teka-teki** silang.*
Huey, Dewey, and Louie like crossword **puzzles**.

telepon telephone; **menelepon** call

***Telepon** itu berdering.*
The **telephone** is ringing.
*Berapa nomor **telepon**mu?*
What is your **telephone** number?
*Aku akan **menelepon**mu nanti malam.*
I'll **call** you tonight.

T

televisi television

*Donal menonton **televisi** setiap malam.*
Donald watches **television** every night.

telinga ear

*Kita punya dua **telinga**.*
We have two **ears**.

telur egg

*Nenek meletakkan sebutir **telur** di atas jerami.*
Grandma put an **egg** on the straw.

teman friend; **teman sekelas** classmate

*Miki memperkenalkan Mini kepada **teman**nya.*

Mickey introduced Minnie to his **friend**.

*Didi **teman sekelas** Miki.*

Didi is Mickey's **classmate**.

tembak, menembak shoot

*Jangan **tembak** aku.*

Don't **shoot** me.

*Anak itu **menembak** seekor burung dengan anak panah.*

The boy **shot** a bird with an arrow.

T

tempat place

*Jangan duduk di **tempat**ku.*

Don't sit in my **place**.

temu, bertemu meet; **menemukan** find

*Aku **bertemu** Donal dalam perjalanan pulang kemarin.*

I **met** Donald on the way home yesterday.

*Donal **menemukan** apa?*

What did Donald **find**?

tenang calm, quiet; **dengan tenang** quietly

*Malam ini sangat **tenang.***
It is so **calm** tonight.
*Klarabela meminta kami untuk **tenang**.*
Clarabelle asked us to be **quiet**.
*Dia keluar **dengan tenang**.*
She went out **quietly**.

tenda tent

*Yang mana **tenda** kalian?*
Which **tent** is yours?
- *Yang kuning.*
- The yellow one.

T

tendang, menendang kick

*Kwek **menendang** bola.*
Dewey is **kicking** the ball.

tengah middle; **setengah** half

*Perahu Donal berada di **tengah** danau.*
Donald's boat is in the **middle** of the lake.
*Jangan berhenti di **tengah** jalan.*
Don't stop in the **middle** of the road.

*Masukkan **setengah** dari mentega itu ke dalam adonan.*
Put **half** of the butter in the batter.

tengkar, bertengkar have a quarrel
*Donal **bertengkar** dengan Desi.*
Donald is **having a quarrel** with Daisy.

tenis tennis
*Mereka bermain **tenis** tiga kali seminggu.*
They play **tennis** three times a week.

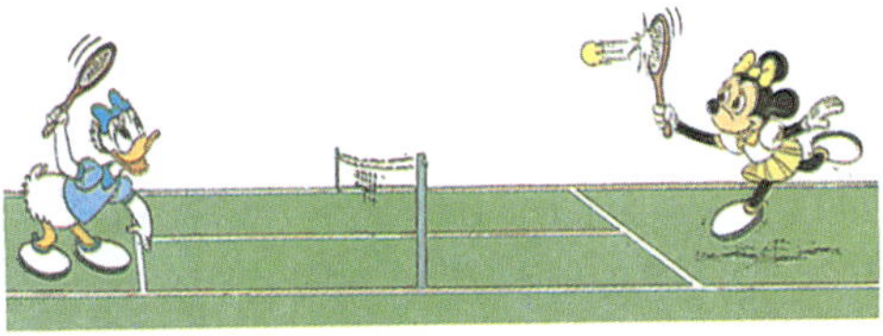

tentang about; **menentang** against
*Dia membicarakan **tentang** keluarganya.*
She talked **about** her family.
*Donal **menentang** rencana mereka.*
Donald is **against** their plan.

tentara army
*Kwik, Kwek, dan Kwak ingin masuk **tentara**.*
Huey, Dewey, and Louie want to join the **army**.

tentu certainly, sure
***Tentu** (saja).*
Certainly.
Bolehkah aku datang ke sini lagi?
May I come here again?
- ***Tentu**. Mengapa tidak!*
- **Sure**. Why not!

tepi laut seashore
*Dia berjualan kerang laut di **tepi laut**.*
She sells seashell on the **seashore**.

tepuk tangan, bertepuk tangan clap
***Bertepuktangan**lah.*
Clap your hands.
*Mereka **bertepuk tangan**.*
They are **clapping**.

terang bright; **menerangkan** explain
*Lampu di kamarku **terang** sekali.*
The lamp in my room is very **bright**.
*Anda harus **menerangkan** soal-soal ini.*
You must **explain** these problems.

terbang, menerbangkan fly

*Burung-burung **terbang** ke selatan.*
The birds are **flying** to the south.

*Mereka **menerbangkan** layang-layang besar.*
They are **flying** a big kite.

teriak, berteriak scream, shout

*Dia **berteriak** kesakitan.*
He **screamed** in pain.
*Desi **berteriak** keras sekali.*
Daisy **shouted** loudly.

terima kasih thank you

*Miki berkata, "**Terima kasih**... **terima kasih**."*
Mickey said, " **Thank you**... **thank you**."

terima, menerima receive

*Aku **menerima** sepucuk undangan dari Mini.*
I **received** an invitation from Minnie.

terka, menerka guess

*Coba **terka** berapa harganya.*
Try to **guess** what it costs.
- *Aku **menerka** harganya 10 dolar.*
- I **guess** it costs 10 dollars.

☞ see **tebak**

terompet trumpet

*Mereka meniup **terompet**.*
They are blowing **trumpets**.

*Desi memainkan **terompet**.*
Daisy is playing the **trumpet**.

T

terowongan tunnel

*Lihatlah **terowongan** itu.*
Look at the **tunnel**.

terus, meneruskan continue
*Mereka **meneruskan** perjalanan.*
They **continued** the trip.

tes test
*Kami ada **tes** bahasa Indonesia hari ini.*
We had an Indonesian **test** today.

tetangga neighbor
*Berbaikhatilah kepada **tetangga**mu.*
Be kind to your **neighbors**.

tetapi but
*Dia kaya **tetapi** tidak bahagia.*
She is rich **but** unhappy.

tetes, tetesan drop; **menetes** drip

Kucing itu senang memandangi ***tetesan-tetesan*** *air.*
The cat likes watching the **drops** of water.
Airnya ***menetes-netes*** *perlahan.*
The water **dripped** slowly.

tiap, setiap each, every
Setiap *siswa punya satu kamus Disney.*
Each student has a Disney dictionary.
Apakah kamu menggosok gigi ***setiap*** *hari?*
Do you brush your teeth **every** day?
- Ya. ***Setiap*** *pagi dan* ***setiap*** *malam.*
- Yes. **Every** morning and **every** night.
Setiap *orang bekerja keras.*
Everybody (**Every**one) works hard.

T

tiba arrive
Paman Gober ***tiba*** *di Indonesia.*
Uncle Scrooge **arrived** in Indonesia.

tiba-tiba suddenly
Tiba-tiba *hujan turun.*
Suddenly it started to rain.
Tiba-tiba *mereka menjadi basah.*
Suddenly they got wet.

tidak no, not

Kamu suka es krim?
Do you like ice cream?
- ***Tidak***.
- **No**, I do**n't**.
*Aku **tidak** punya waktu.*
I have **no** time.
*Itu **tidak** baik.*
It is **not** good.
*Aku **tidak** bisa berenang.*
I can**not** swim.

tidak ada nothing

T

Ada apa dalam topiku?
What's in my hat?
- ***Tidak ada***.
- **Nothing**.
***Tidak ada** yang perlu dikatakan.*
There is **nothing** to say.

tidak satu pun none

***Tidak satu pun** dari buku-buku itu milikku.*
None of those books is mine.

tidak masuk absent

*Kwek **tidak masuk** sekolah kemarin.*
Dewey was **absent** from school yesterday.
☞ see **absen**

tidak pernah never
*Kwik, Kwek, dan Kwak **tidak pernah** bangun terlambat.*
Huey, Dewey, and Louie **never** get up late.

tidur asleep, sleep
*Mereka **tidur**.*
They are **asleep**.
*Mereka **tidur** semalam.*
They **slept** last night.

tidur sebentar/siang nap, take a nap

*Kwek **tidur siang** di kamar Desi.*
Dewey is **napping** in Daisy's room.
*Dia selalu **tidur siang**.*
He always **takes a nap**.

tiga three; **bertiga** the three of; **ketiga** third
*Kwik mempunyai **tiga** tongkat bisbol.*
Huey has **three** baseball bats.

*Mereka **bertiga** mengapung di air.*
The three of them are floating on the water.

pertama
first

kedua
second

ketiga
third

tiga belas thirteen
*Ini **tiga belas** bunga warna biru.*
These are **thirteen** blue flowers.

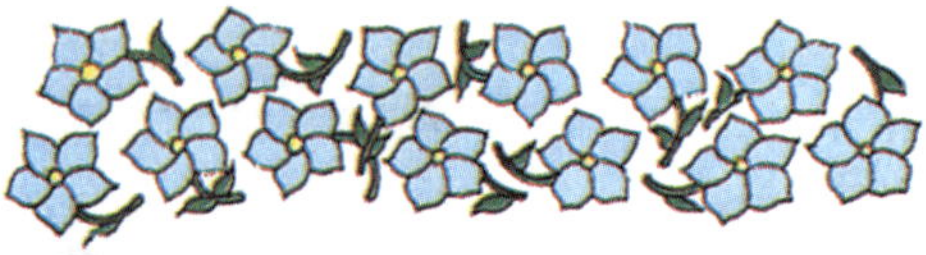

tiga puluh thirty
*Lima belas ditambah lima belas sama dengan **tiga puluh**.*
Fifteen plus fifteen is **thirty**.
*Waktu kita tinggal **tiga puluh** menit.*
We have **thirty** minutes left.

tiket ticket
***Tiket** pesawat sangat mahal.*
The plane **ticket** is very expensive.
☞ see **karcis**

T

tikung, tikungan curve
*Ada berapa **tikungan** yang kamu lihat?*
How many **curves** do you see?

tikus mouse (mice), rat
*Aku seekor **tikus**.*
I am a **mouse**.
*Ada banyak **tikus** di got.*
There are many **rats** in the ditch.

tim team

*Ada dua **tim** bisbol di lapangan.*
There are two baseball **teams** on the field.

timur east
*Pergilah ke arah **timur**.*
Go **east**.

tinggal **1** live. **2** stay; **meninggalkan** leave
*Kami **tinggal** di Jakarta.*
We **live** in Jakarta.
*Dia **tinggal** di kamarnya sepanjang hari.*
She **stayed** in her room all day.
*Dia **meninggalkan** aku sendirian.*
He **leaves** me alone.

tinggi **1** high. **2** tall.
*Pesawat itu terbang **tinggi**.*
The plane is flying **high**.
*Jerapah itu **tinggi**.*
The giraffe is **tall**.

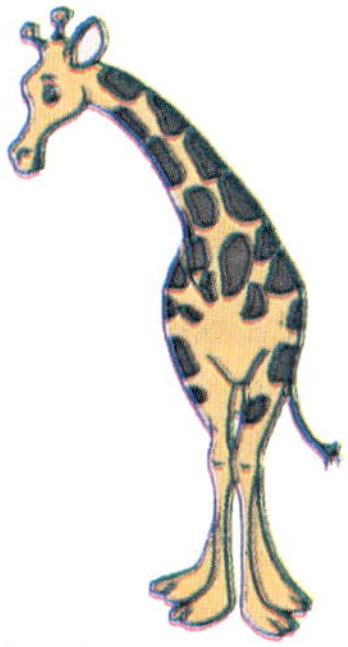

tingkah laku behavior; **bertingkah laku** act

*Didi punya **tingkah laku** baik.*
Didi has good **behavior**.
*Jangan **bertingkah laku** seperti bayi.*
Don't **act** like a baby.

tinta ink
*Jangan menulis surat dengan **tinta** merah.*
Don't write letters in red **ink**.

tipis thin
*Buku tulisku **tipis**.*
My writing book is **thin**.

tipu, **tipu daya** trick
*Dia mendapatkan koin emas itu dengan **tipu daya**.*
He got the gold coin by a **trick**.

tirai curtain
*Desi menutup **tirai-tirai** jendela di waktu malam.*
Daisy pulls the window **curtains** shut at night.

T

tiup, bertiup, meniup blow
*Angin **bertiup** dengan kencang.*
The wind is **blowing** hard.
*Gufi akan **meniup** lilin.*
Goofy is going to **blow** the candles out.

toko shop, store
*Mini punya sebuah **toko** bunga.*
Minnie has a flower **shop**.
*Hanya ada sebuah **toko** di Jalan Mawar.*
There is only one **store** on Jalan Mawar.

toko bahan makanan grocery store
*Gufi di **toko bahan makanan**.*
Goofy is at the **grocery store**.

toko serba ada department store
*Ibu berbelanja di **toko serba ada** seminggu sekali.*
Mother goes shopping at a **department store** once a week.

tolol silly, fool, foolish
*Itu sikap yang **tolol**.*
That's **silly**.
☞ see **bodoh**

T

tomat tomato

*Aku membeli sebutir **tomat** hijau.*
I bought a green **tomato**.

tombol **1** button. **2** switch.
*Tekanlah **tombol** itu untuk menghentikan lift.*
Push the **button** to stop the elevator.
*Aku tidak dapat menemukan **tombol** lampunya.*
I can't find the light **switch**.

tongkat stick
*Orang buta itu memegang sebatang **tongkat**.*
The blind man is holding a **stick**.

tongkat pemukul bat
*Ini **tongkat pemukul** dalam permainan bisbol.*
It is a baseball **bat**.

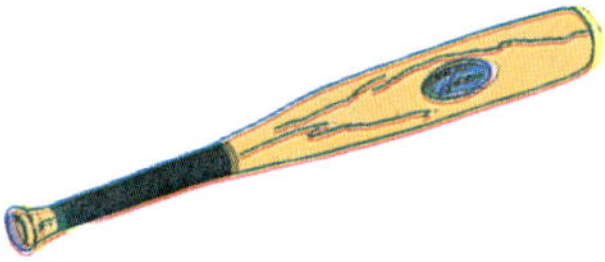

tongkat sihir magic wand

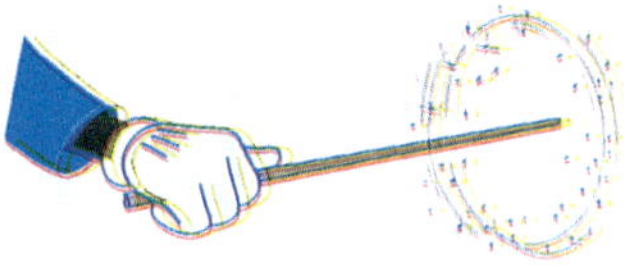

*Miki punya sebuah **tongkat sihir**.*
Mickey has a **magic wand**.

tonton, menonton watch
*Aku sedang **menonton** televisi ketika dia datang.*
I was **watching** television when he came.

topi hat
*Miki mempunyai sebuah **topi** ajaib.*
Mickey has a magic **hat**.

traktor tractor
*Nenek punya sebuah **traktor**.*
Grandma has a **tractor**.

trotoar sidewalk
*Orang-orang berjalan di **trotoar**.*
People walk on the **sidewalk**.

truk truck
*Dua **truk** menuruni bukit.*
Two **trucks** are going down the hill.

tua old
*Nyonya Klaus sangat **tua**.*
Mrs. Klaus is very **old**.

tuan **1** gentleman. **2** Mr.
*Nyonya-nyonya dan **Tuan-tuan**,*
ini dia Miki si Pesulap.
Ladies and **gentlemen**,
here is Mickey the Magician.
***Tuan** Ali sangat ramah.*
Mr. Ali is very friendly.

tuang, menuang(kan) pour
*Jangan **tuangkan** kopi ke cangkirku, Mini.*
Don't **pour** coffee into my cup, Minnie.

tubuh body

Ini bagian-bagian ***tubuh*** *manusia.*

These are parts of the human **body**.

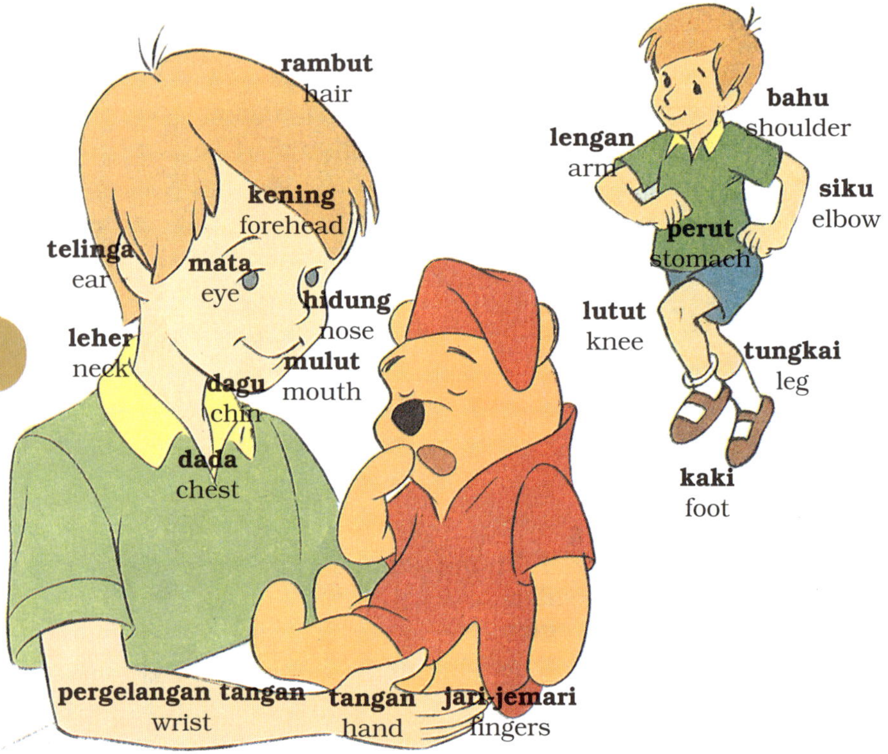

T

Tuhan God

Aku percaya kepada ***Tuhan.***

I believe in **God**.

tuju, **setuju** agree

Kwik dan Kwak ***setuju*** *dengan ide Kwek.*

Huey and Louie **agreed** with Dewey's idea.

tujuh seven
*Ada **tujuh** itik.*
There are **seven** ducks.

tujuh belas seventeen
***Tujuh belas** lebah terbang bersama-sama.*
Seventeen bees are flying together.

tujuh puluh seventy
*Desi **menerima** tujuh puluh kartu Natal tahun lalu.*
Daisy received **seventy** Christmas cards last year.

tukang cukur barber
*Pak Bari seorang **tukang cukur**.*
Mr. Bari is a **barber**.

tukang kebun gardener
Gufi bekerja di kebun
*Dia seorang **tukang kebun**.*
Goofy is working in the garden.
He is a **gardener**.

tukang pos mail carrier, postman
*Laki-laki itu seorang **tukang pos**.*
That man is a **mail carrier**.
***Tukang pos** itu mengantarkan surat-surat.*
The **postman** delivers letters.

tukang sulap magician
*Miki ingin menjadi **tukang sulap**.*
Mickey wants to be a **magician**.

tulang bone
*Desi memberi Pluto sepotong **tulang**.*
Daisy gave Pluto a **bone**.
*Pluto makan **tulang**.*
Pluto is eating the **bone**.

tulis, menulis write

*Mini **menulis** sepucuk surat untuk Miki.*
Minnie is **writing** a letter for Mickey.

tumbuh grow
*Apakah pohon itu **tumbuh**?*
Is the tree **growing**?
- *Ya, pohon itu **tumbuh** sangat cepat.*
- Yes, it **grows** very fast.

tumit heel

*Kita mempunyai dua **tumit.***
We have two **heels**.
***Tumit** kananku berdarah.*
My right **heel** is bleeding.

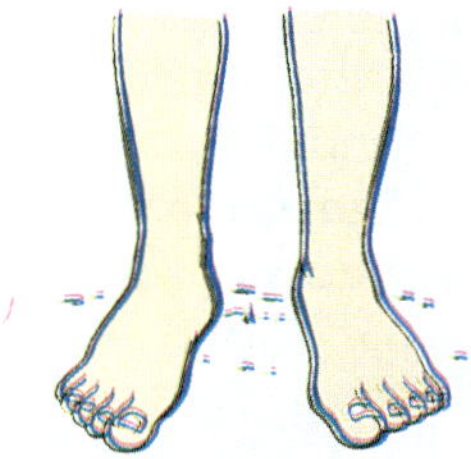

tumpang, penumpang passenger

*Para **penumpang** turun dari bus.*
The **passengers** are getting off the bus.

tunduk, menundukkan kepala bow

*Mereka saling **menundukkan kepala** sebelum berdansa.*
They **bow** to each other before dancing.

tunggu, menunggu wait

*Tolong, **tunggu** aku.*
Wait for me, please.

tungkai leg

*Para model mempunyai **tungkai** yang panjang.*
Models have long **legs**.
☞ see **kaki**

tungku fireplace

☞ see **api, perapian**

tunjuk, menunjuk point; **menunjukkan** show

*Dia **menunjuk** ke arah Kiki dan Koko.*
She is **pointing** at Chip and Dale.
***Tunjukkan** lukisan itu padaku.*
Show me the painting.

tupai squirrel

***Tupai-tupai** itu menonton Donal.*
The **squirrels** are watching Donald.

turis tourist

*Disneyland penuh dengan **turis**.*
Disneyland is full of **tourists**.
*Laki-laki itu seorang **turis**.*
The man is a **tourist**.
***Turis** itu membawa 4 kamera.*
The **tourist** brought 4 cameras.

turun down
*Jangan lari **turun** tangga. Itu berbahaya.*
Don't run **down** the stairs. It's dangerous.
*Kita harus cepat-cepat **turun**.*
We have to go **down** quickly.

tutup botol bottle cap
*Aku menemukan dua **tutup botol**.*
I found two **bottle caps**.

tutup, **menutup** close, shut; **menutupi** cover
*Jangan lupa untuk **menutup** pintu.*
Don't forget to **close** the door.
*Mini **menutup** jendela-jendela.*
Minnie **shut** the windows.
*Mereka **menutupi** mata mereka.*
They **covered** their eyes.

T

U u

uang money
*Paman Gober memberi Gufi sedikit **uang**.*
Uncle Scrooge gave Goofy a little **money**.
*Gufi menghabiskan seluruh **uang**nya.*
Goofy spent all his **money**.
*Gufi tidak punya **uang**.*
Goofy has no **money**.

uang logam coin
☞ see **koin**

uap, menguap yawn
*Dia **menguap**.*
He is **yawning**.

ubah, berubah, mengubah change
*Waktu **mengubah** segalanya.*
Time **changes** everything.
*Mengapa kamu **berubah** pikiran?*
Why did you **change** your mind?

udara air
*Kita membutuhkan **udara** segar.*
We need fresh **air**.

uji, ujian examination

*Minggu depan akan ada **ujian**.*
There will be an **examination** next week.
*Mereka mengerjakan **ujian** akhir.*
They did the final **examination.**

U

ujung **1** point. **2** end.
***Ujung** jarum ini tajam.*
The **point** of this needle is sharp.
*Dia menunggu di **ujung** jalan itu.*
She is waiting at the **end** of the street.

ukur, ukuran size
*Aku tidak tahu **ukuran** sepatu-sepatu ini.*
I don't know the **size** of these shoes.

ulang, mengulangi repeat; **ulangan** quiz, test
*Dapatkah kamu **mengulangi**nya sekali lagi.*
Can you **repeat** it once again, please.
*Aku ada **ulangan** besok.*
I have a **quiz** tomorrow.
***ulangan** bahasa Inggris*
an English **test**

ular snake
***Ular** punya tubuh panjang.*
A **snake** has a long body.
***Ular** termasuk reptil.*
Snakes are reptiles.

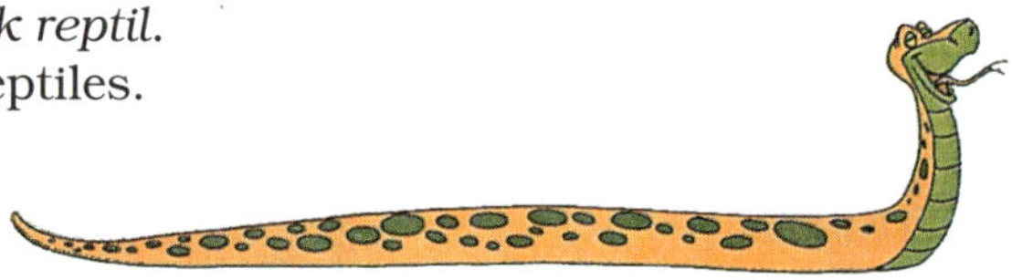

ulat caterpillar
*Desi takut akan **ulat**.*
Daisy is afraid of **caterpillars**.
***Ulat** menjadi kupu-kupu.*
A **caterpillar** becomes a butterfly.

umum **1** general. **2** public; **mengumumkan** announce; **pengumuman** announcement
*Secara **umum**, orang menyukainya.*
In **general**, people like him.
*Aku pergi ke sekolah dengan kendaran **umum**.*
I go to school by **public** transportation.
*Juri **mengumumkan** nama para pemenang.*
The jury **announced** the names of the winners.
*Kepala sekolah memberikan **pengumuman** kemarin.*
The headmaster gave an **announcement** yesterday.

umur **1** age. **2** old.
*Dia meninggal pada **umur** 10 tahun.*
He died at the **age** of ten.
*Berapa **umur** kakekmu?*
How **old** is your grandpa?
*- **Umur**nya tujuh puluh tahun.*
- He is seventy years **old**.

undang, mengundang invite
*Miki **mengundang** teman-temannya ke pesta ulang tahun Mini.*
Mickey **invited** his friends to Minnie's birthday party.

ungu purple
*Gufi mengecat kursinya dengan warna **ungu**.*
Goofy painted his chair **purple**.

universitas university
***Universitas** Gadjah Mada*
Gadjah Mada **University**

untuk for
*Kue ini **untuk**mu.*
The cake is **for** you.

untung, beruntung lucky
*Kamu sangat **beruntung**.*
You are very **lucky**.

urus, mengurus take care of
*Dia **mengurus** anak-anaknya dengan baik.*
She **takes care of** her children well.

usaha business; **berusaha** try
*Apa **usaha** ayahmu?*
What is your father's **business**?
*Aku **berusaha** menyelesaikan pekerjaan ini tepat waktu.*
I will **try** to finish the work on time.

usia **1** age. **2** old.
*Dia akan menikah pada **usia** 21.*
She will get married at the **age** of 21.
***Usia**ku 10 tahun.*
I am 10 years **old.**
☞ see **umur**

utara north
*Rumah kami tidak menghadap ke **utara**, tetapi menghadap ke timur.*
Our house doesn't face **north**, it faces east.

vas vase
*Desi memegang sebuah **vas**.*
Daisy is holding a **vase**.
*Aku akan menaruh beberapa tangkai bunga di **vas** ini.*
I'll put some flowers in this **vase**.

video video
*Paman Gober membeli **video**. **Video** itu mahal harganya.*
Uncle Scrooge bought a **video**. The **video** is expensive.

voli volleyball
*Mereka sedang bermain **voli**.*
They are playing **volleyball.**

wajah face

Lihatlah ***wajah****ku.*

Look at my **face.**

gigi
tooth

rambut
hair

telinga
ear

hidung
nose

mulut
mouth

bulu mata
eyelash

lidah
tongue

pipi
cheek

dagu
chin

kening
forehead

wajan frying pan
*Mini menggoreng telur dengan **wajan**.*
Minnie fried an egg in a **frying pan**.

waktu time; **sewaktu-waktu** at any time
*Kita tidak punya **waktu** untuk sarapan.*
We don't have **time** to eat breakfast.
*Aku melihat seorang pemain lempar-tangkap beberapa **waktu** yang lalu.*
I saw a juggler some **time** ago.

*Kamu boleh datang ke sini **sewaktu-waktu**.*
You may come here **at any time**.

walaupun although, though
☞ see **meskipun**

wanita woman, lady
*Siapakah **wanita** itu?*
Who is that **woman**?
- ***Wanita** itu kakak Jimi.*
- The **woman** is Jimi's sister.
*Dia **wanita** yang cantik.*
She is a beautiful **lady**.

W

warna color

*Apa **warna** favoritmu?*

What is your favorite **color**?

topi hitam
black hat

bunga-bunga merah
red flowers

matahari kuning
yellow sun

cat hijau
green paint

gitar cokelat
brown guitar

burung-burung biru
blue birds

tulang putih
white bone

es krim merah jambu
pink ice cream

balon-balon jingga
orange balloons

sepeda ungu
purple bicycle

warta berita the news

*Aku selalu mendengarkan **warta berita** pagi.*

I always listen to **the** morning **news.**

*Apakah kamu melihat **warta berita** di televisi tadi malam?*

Did you watch **the** television **news** last night?

warung (small) shop, stall

sebuah warung kopi

a coffee**shop**

*sebuah **warung** makan*

a food**stall**

wasit referee

*Siapa **wasit** dalam pertandingan tinju itu?*

Who was the **referee** of the boxing match?

- *Gufi **wasit**nya.*
- Goofy was the **referee**.

wig wig

*Gadis itu memakai **wig** pirang.*

The girl wore a blond **wig**.

wortel carrot

*Klarabela menambahkan **wortel** ke dalam sup.*

Clarabelle put **carrots** in the soup.

*Pak Kelinci suka **wortel**.*

Mr. Rabbit likes **carrots**.

W

X x

__X__ adalah huruf ke-24 dalam abjad bahasa Indonesia.
X is the 24th letter of the Indonesian alphabet.

xilofon xylophone

Pinokio memainkan __xilofon__ setiap hari.
Pinocchio plays the **xylophone** every day.

X

ya yes

Kamu capek? - ***Ya***.
Are you tired? - **Yes**, I am.
Apakah kamu suka baca buku? - **Ya**.
Do you like reading a book? - **Yes**, I do.

yakin certain, sure

*Aku **yakin** kamu dapat melakukannya.*
I'm **certain** you can do it.
*Aku tidak **yakin** aku dapat melakukannya.*
I'm not **sure** I can do it.

yoyo yoyo

*Orang kerdil ini mempunyai sebuah **yoyo**.*
The dwarf has a **yoyo**.

zebra zebra

*Kwik, Kwek, dan Kwak melihat **zebra**.*
Huey, Dewey, and Louie are looking at a **zebra**.
***Zebra** tampak seperti kuda.*
A **zebra** looks like a horse.
***Zebra** punya garis-garis hitam dan putih di seluruh tubuhnya.*
A **zebra** has black and white stripes all over its body.

LAMPIRAN
APPENDIX

ANGKA - NUMBERS

Biasa-Cardinals		Bertingkat-Ordinals	
0	zero		
1	one	pertama	first/1st
2	two	kedua/ke-2	second/2nd
3	three	ketiga/ke-3	third/3rd
4	four	keempat/ke-4	fourth/4th
5	five	kelima/ke-5	fifth/5th
6	six	keenam/ke-6	sixth/6th
7	seven	ketujuh/ke-7	seventh/7th
8	eight	kedelapan/ke-8	eighth/8th
9	nine	kesembilan/ke-9	ninth/9th
10	ten	kesepuluh/ke-10	tenth/10th
11	eleven	kesebelas/ke-11	eleventh/11th
12	twelve	keduabelas/ke-12	twelfth/12th
13	thirteen	ketigabelas/ke-13	thirteenth/13th
14	fourteen	keempatbelas/ke-14	fourteenth/14th
15	fifteen	kelimabelas/ke-15	fifteenth/15th
16	sixteen	keenambelas/ke-16	sixteenth/16th
17	seventeen	ketujuhbelas/ke-17	seventeenth/17th
18	eighteen	kedelapanbelas/ke-18	eighteenth/18th
19	nineteen	kesembilanbelas/ke-19	nineteenth/19th
20	twenty	keduapuluh/ke-20	twentieth/20th
21	twenty-one	keduapuluh satu/ke-21	twenty-first/21st
22	twenty-two	keduapuluh dua/ke-22	twenty-second/22nd
23	twenty-three	keduapuluh tiga/ke-23	twenty-third/23rd
30	thirty	ketigapuluh/ke-30	thirtieth/30th
40	forty	keempatpuluh/ke-40	fortieth/40th
50	fifty	kelimapuluh/ke-50	fiftieth/50th
60	sixty	keenampuluh/ke-60	sixtieth/60th
70	seventy	ketujuhpuluh/ke-70	seventieth/70th
80	eighty	kedelapanpuluh/ke-80	eightieth/80th
90	ninety	kesembilanpuluh/ke-90	ninetieth/90th
100	one hundred	keseratus/ke-100	one hundredth/100th

HARI DAN BULAN - DAYS AND MONTHS

Hari - Days	
Senin	Monday
Selasa	Tuesday
Rabu	Wednesday
Kamis	Thursday
Jumat	Friday
Sabtu	Saturday
Minggu	Sunday

Bulan - Months	
Januari	January
Februari	February
Maret	March
April	April
Mei	May
Juni	June
Juli	July
Agustus	August
September	September
Oktober	October
November	November
Desember	December

MUSIM - SEASONS

4 Musim - 4 Seasons	
dingin	winter
gugur	autumn/fall
panas	summer
semi	spring

2 Musim - 2 Seasons	
kemarau	dry season
penghujan	rainy season

KATA GANTI ORANG – PERSONAL PRONOUN

Tunggal - Single		Jamak - Plural	
aku	I	*kami*	we
kamu/anda	you	*kamu/anda sekalian*	you
dia (ia)	he/she	*kita*	we
		mereka	they

BUAH-BUAHAN – FRUITS

anggur	grape	*manggis*	mangosteen
apel	apple	*melon*	melon
avokad	avocado	*nanas*	pineapple
belimbing	starfruit	*nangka*	jackfruit
ceri	cherry	*pepaya*	papaya
delima	pomegranate	*persik*	peach
durian	durian	*pir*	pear
jambu biji	guava	*pisang*	banana
jeruk	orange	*rambutan*	rambutan
kelapa	coconut	*salak*	salaks
leci	lychee	*sawo*	sapodilla
lengkeng	longan	*semangka*	watermelon
mangga	mango	*stroberi*	strawberry

INDEKS - INDEX

- A -

– B –

– C –

– D –

– E –

– I –

– J –

– K –

– L –

– M –

– N –

– O –

– P –

- Q -

- R -

– T –

– U –

– V –

– W –

Abjad Bahasa Indonesia

A a
[a]

apel
apple

B b
[bé]

balon-balon
balloons

C c
[cé]

cangkir
cup

G g
[gé]

gitar
guitar

H h
[ha]

handuk
towel

I i
[i]

ikan
fish

M m
[ém]

mobil
car

N n
[én]

nenek
grandmother

O o
[o]

oven
oven

S s
[és]

sarang
nest

T t
[té]

topi
hat

U u
[u]

uang
money

Y y
[yé]

yoyo-yoyo
yoyo(s)

Z z
[zét]

zebra
zebra

The Indonesian Alphabet

Dd [dé]  *dinosaurus* dinosaur	Ee [é]  *es krim* ice cream	Ff [éf]  *flute* flute
Jj [jé]  *jeruk-jeruk* oranges	Kk [ka]  *kelinci* rabbit	Ll [él]  *labah-labah* spider
Pp [pé]  *pie* pie	Qq [ki]  	Rr [ér]  *ratu* queen
Vv [vé]  *vas* vase	Ww [wé]  *wortel* carrot	Xx [éks]  *xilofon* xylophone